Emprendimiento a la Mexicana

Segunda Edición

Dejemos de hacernos p3nd3jos!

Emprendimiento a la mexicana.

Segunda Edición. México, Febrero 2024.
Todos los derechos reservados.

www.alexespinosa.mx

Gracias Ana, Emiliano y Valentina por estar presentes en mi vida.

Gracias Rocío y Alejandro por el apoyo y la formación que recibí de ustedes.

Gracias Héctor por permitirme haber sido parte de tu vida. Va por tí.

Gracias Óscar por estar.

AlexEspinosa

dejemos de®
HACERNOS
P3ND3JOS!

Ya dejemos
de hacernos...

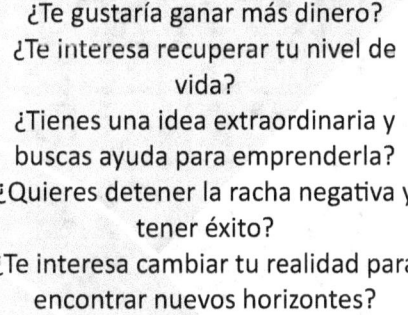

¿Te gustaría ganar más dinero?
¿Te interesa recuperar tu nivel de vida?
¿Tienes una idea extraordinaria y buscas ayuda para emprenderla?
¿Quieres detener la racha negativa y tener éxito?
¿Te interesa cambiar tu realidad para encontrar nuevos horizontes?
¿No sabes por dónde empezar?

Entonces has elegido la publicación correcta.

Mi meta es que logres entender los aspectos fundamentales para desarrollar oportunidades de negocio exitosas.

Mediante el esquema que te ofrezco, tienes la posibilidad de evaluar de una manera simple y ordenada los elementos necesarios para generar beneficios con decisiones informadas.

Aplícalo antes de gastar un centavo. Evalúa los riesgos antes de comprometerte en algo que pueda convertirse en un problema.

Toma en cuenta la mayor cantidad de variables posible.

Persiste, no te detengas.

 AlexEspinosa

Dejemos de HACERNOS P3ND3J0S!

De jemos De® HACERNOS P3ND3JOS!

¿Y porqué emprender a la mexicana?

Comencemos por establecer que en nuestro México existen muchas cosas elaboradas que están bien hechas. Tienen un estilo que las distingue, ese toque mexicano que las hace únicas.

El término "Emprendimiento a la Mexicana" surge como una respuesta para adaptar teorías, métodos y conceptos con el fin de generar modelos de negocio dirigidos a un entorno local, donde el esfuerzo y la dedicación predominan, y donde el ingenio es clave debido a la falta de acceso a todos los recursos necesarios para obtener beneficios. ¿A qué recursos me refiero? Falta dinero, nunca es suficiente. Faltan materiales, herramientas y servicios. Faltan trabajadores que te ayuden, tienes que ser un "todólogo".

En palabras más coloquiales, el emprendedor en este país se enfrenta a un panorama sumamente complicado: recursos limitados, altas tasas de interés, nulo apoyo gubernamental e inflación. La manera de poder ayudar es informando con términos que se entiendan y, sobre todo, que se puedan llevar a la práctica.

Las estadísticas son contundentes. Durante el período más intenso de la pandemia (2020-2022), 5 de cada 10 mexicanos emprendieron algún negocio (53%*). ¿Cuántos crees que subsistan de ese 53%? ¿Cuántos se prepararon con reglas básicas? ¿Cuántos tomaron decisiones informadas? ¿Cuántos realmente entendieron cómo funcionaba su negocio? ¿Cuántos pueden presumir una historia de éxito?

A pesar de las estadísticas, la tendencia de emprendimiento va en aumento: "Arabia Saudita, Colombia y México tienen el mayor porcentaje de adultos que dicen que es probable que inicien un negocio en el futuro, quienes son más de la mitad de los encuestados. En cambio, países como Bélgica (13%), los Países Bajos (11%) y Japón (8%) tienen las tasas más bajas de personas que planean iniciar un negocio".*

El incremento de emprendedores en nuestro país es una señal inequívoca de la degradación de la economía de las familias.

Quiero ayudarte a que seas una historia de éxito. A que tomes decisiones fundamentadas. A que consideres los aspectos más importantes. A que no pierdas dinero.

*Estadísticas obtenidas del diario "El Economista"/Julio 2022.

Los 7 Principios

Aquel que finalmente **deja de hacerse pendejo/a**, es una persona con el coraje suficiente para tomar la responsabilidad total de dónde está. Ya no es una víctima más de las circunstancias, ya no genera excusas o se queja por las cosas que no puede cambiar, emplea toda su energía haciendo algo en lugar de decirle al mundo por qué no puede.

Aquel que finalmente **deja de hacerse pendejo/a** puede lograr todo lo que se propone, sin comprometer su integridad. Se da cuenta de que puede brillar en todo su esplendor cuando es auténtico/a y verdadero/a consigo mismo/a.

Aquel que finalmente **deja de hacerse pendejo/a** deja la plática y ejecuta. Se da cuenta de que si se quieren resultados, se tiene que poner a trabajar en ellos. No importa el cumplir con las expectativas de los demás, se dedica a ser la mejor versión de sí mismo/a.

Aquel que finalmente **deja de hacerse pendejo/a** no escucha las pendejadas y negatividad de los que están a su alrededor. Se enfoca en lo que quiere conseguir y no en lo que no puede hacer.

Aquel que finalmente **deja de hacerse pendejo/a** toma la iniciativa, no compromete su integridad, tiene confianza y no se cambia por nadie.

Aquel que finalmente **deja de hacerse pendejo/a** toma el control de la situación, de su destino, de su salud, de su cuerpo, de su vida.

Aquel que finalmente **deja de hacerse pendejo/a** es una mentalidad a la que eliges entrar, donde pones todas tus dudas a un lado, todos tus miedos, todas tus excusas, y todas y cada una de las razones por las que piensas que no puedes hacerlo.

Porque realmente lo puedes hacer, finalmente **dejas de hacerse pendejo/a**.

DeJeMOS De HACERNOS P3ND3JOS!

¿Y a quién va dirigido todo esto?

Existen dos caminos que se pueden tomar para aprovechar las bondades del Modelo-Esquema que te ofrezco.

El primer camino es aplicable a la evaluación de oportunidades de negocio y está dirigido a lo que llamaremos "Emprendedores de Negocios".

El segundo camino se enfoca en mejorar tu carrera profesional y está dirigido a lo que llamaremos "Emprendedores de Corporativos".

La principal característica del Modelo-Esquema es constituir una herramienta gráfica que te permite visualizar todos y cada uno de los aspectos que integran la definición de una entidad, junto con sus respectivos recursos, lo que se hace y a quién va dirigido el producto o servicio.

Cuando logres visualizar todos y cada uno de los elementos, tendrás la capacidad de identificar con qué cuentas y qué te hace falta. De esta manera, podrás definir qué es lo que debes hacer de una manera más ordenada, sin descuidar los detalles.

Emprendedores de Negocio

¿A quién se lo vendo?

¿Cómo habilito el producto?

¿Cuáles son los recursos, la logística y el control?

Emprendedores de Carrera Profesional

¿A quién ayudo?

¿Qué hago?

¿Quién soy?

A lo largo de estos años, he logrado identificar varios grupos de emprendedores con orígenes, motivaciones, objetivos y circunstancias diversas, pero con la imperiosa necesidad de salir adelante. Esto aplica para aquellos interesados en emprender.

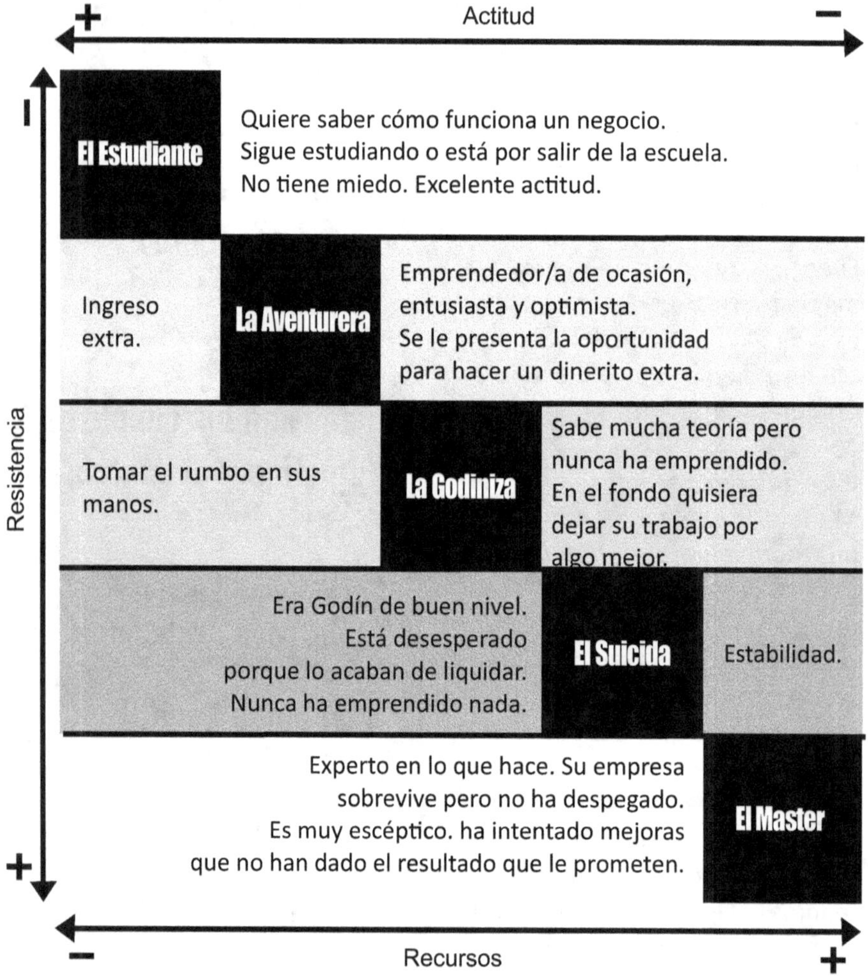

+ Actitud **—**

I

Resistencia

El Estudiante
Quiere saber cómo funciona un negocio.
Sigue estudiando o está por salir de la escuela.
No tiene miedo. Excelente actitud.

Ingreso extra.

La Aventurera
Emprendedor/a de ocasión, entusiasta y optimista.
Se le presenta la oportunidad para hacer un dinerito extra.

Tomar el rumbo en sus manos.

La Godiniza
Sabe mucha teoría pero nunca ha emprendido.
En el fondo quisiera dejar su trabajo por algo mejor.

Era Godín de buen nivel.
Está desesperado porque lo acaban de liquidar.
Nunca ha emprendido nada.

El Suicida

Estabilidad.

Experto en lo que hace. Su empresa sobrevive pero no ha despegado.
Es muy escéptico. ha intentado mejoras que no han dado el resultado que le prometen.

El Master

+

— Recursos **+**

Esta gráfica muestra cómo se catalogan los grupos en cuanto al grado de resistencia al cambio, la actitud ante conceptos diferentes a lo que opinan y la cantidad de recursos con los que cuentan. Por supuesto, hay excepciones, pero ¿en cuál grupo te ubicas tú?

Esta clasificación corresponde a los grupos de colaboradores dentro de una organización, con orígenes, motivaciones, objetivos y circunstancias diversas, pero con la imperiosa necesidad de integrar un equipo sólido que afronte con eficiencia y eficacia los retos del mercado.

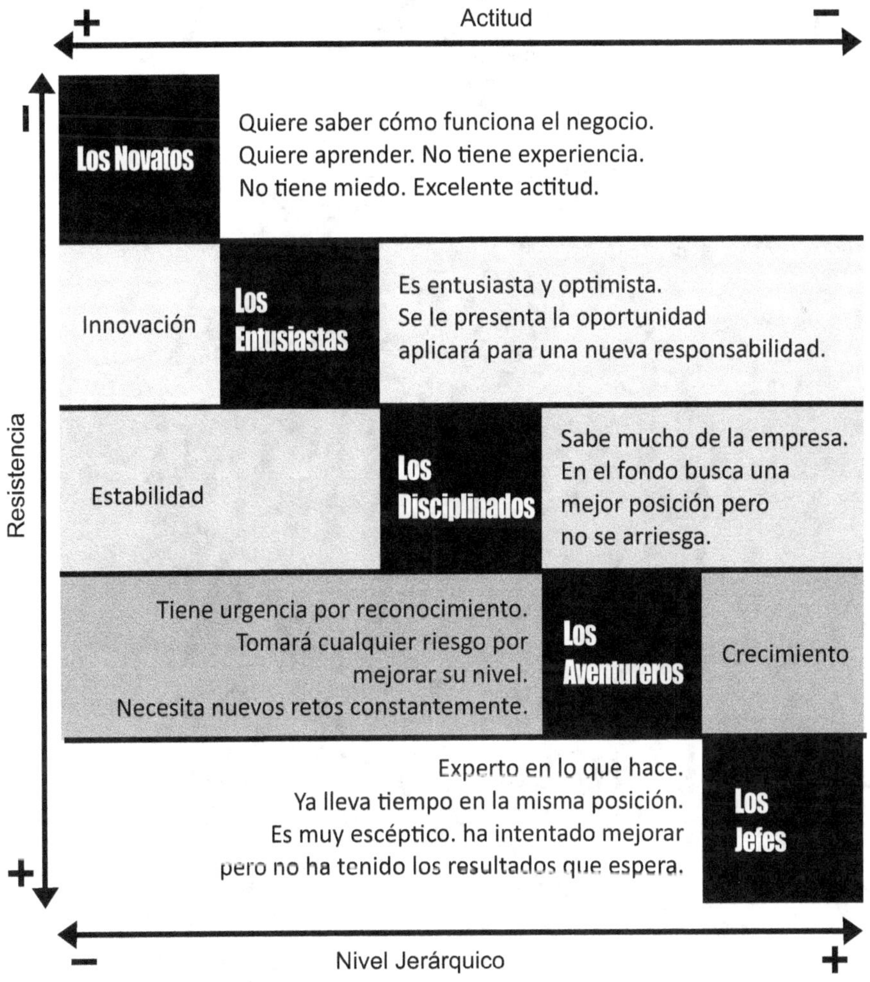

+   Actitud   **—**

Resistencia

Los Novatos
Quiere saber cómo funciona el negocio.
Quiere aprender. No tiene experiencia.
No tiene miedo. Excelente actitud.

Innovación — **Los Entusiastas**
Es entusiasta y optimista.
Se le presenta la oportunidad
aplicará para una nueva responsabilidad.

Estabilidad — **Los Disciplinados**
Sabe mucho de la empresa.
En el fondo busca una
mejor posición pero
no se arriesga.

Tiene urgencia por reconocimiento.
Tomará cualquier riesgo por
mejorar su nivel.
Necesita nuevos retos constantemente.
Los Aventureros — Crecimiento

Experto en lo que hace.
Ya lleva tiempo en la misma posición.
Es muy escéptico. ha intentado mejorar
pero no ha tenido los resultados que espera.
Los Jefes

—   Nivel Jerárquico   **+**

Reitero que, por supuesto, hay excepciones. Como ya mencioné, las virtudes del Modelo permiten aplicarlo a la mejora de un ámbito profesional.

Introducción

Introducción.

¿Porqué usamos "Pendejo"?

¿Te ofende cuando escuchas o lees el calificativo "Pendejo"? ¿Lo usas con frecuencia? ¿Lo consideras ofensivo?

Te comparto la definición de la Real Academia Española (RAE) de la palabra pendejo, ja. Del lat. *pectinicŭlus, de pecten, -ĭnis 'vello púbico'.
1. adj. coloq. Tonto, estúpido. U. t. c. s.
2. adj. coloq. Cobarde, pusilánime. U. t. c. s.
3. adj. coloq. De vida irregular y desordenada. U. t. c. s.
4. adj. coloq. Perú. Astuto y taimado. U. t. c. s.
5. m. y f. vulg. Arg. y Ur. Muchacho, adolescente.
6. m. Pelo que nace en el pubis y en las ingles.
7. m. And. Muérdago.
8. m. And. Especie de calabaza.

En México, el término es muy usado. Hasta se podría afirmar que es algo "coloquial". Con el paso del tiempo, se ha normalizado. Todos, en algún momento invariablemente, nos hemos hecho "pendejos". Y sí, el que esté libre de pecado, que tire la primera piedra.

Este "concepto" surge de una frase que define a la perfección cualquier situación en la que, a pesar de que el involucrado tiene la posibilidad de conocer o intuir las consecuencias negativas de sus omisiones o fallas, las omite con descuido, muchas veces intencionalmente, desencadenando inevitablemente la catástrofe.

"Dejemos de hacernos pendejos" es la frase que fue célebremente acuñada durante mi vida laboral. Es un corolario a toda incongruencia de cualquier índole; es el remate a lo que se veía venir: "Ya dejemos de hacernos pendejos".

Así es como surgió la idea de desarrollar toda una iniciativa basada en "Dejemos de hacernos pendejos", que permita, con el sarcasmo que nos caracteriza, reflexionar con ironía sobre nuestros propios errores y mover así las conciencias sobre el reflejo inequívoco de nuestra muy particular manera de ser.

Pretendo integrar una comunidad de mejora a la mexicana. Es un club de chingones cuyo punto de partida es "dejar de hacerse pendejos". A pesar de la implicación del adjetivo calificativo, aunque parezca contradictorio, mi intención es ser una influencia positiva para ayudarte en el éxito de tu emprendimiento.

Así que, a pesar de que la frase suena agresiva, no es despectiva hacia alguien en particular, no pretende ofender a nadie y mucho menos trata de estigmatizar a algún sector en específico. Es una frase que expresa con claridad y sarcasmo el sentido de todo este esfuerzo.

La lectura en la que estás por iniciar pertenece al segundo volumen de la serie.

Como vamos a ir interactuando entre los conceptos "pendejo/a" y "chingón/a", también te comparto la definición de la palabra "Chingón-na":

adj. malson. Méx. Dicho de una persona: Competente en una actividad o rama del saber. U. t. c. s.
Mi intención es que incrementes significativamente tu competencia en el desarrollo de tus oportunidades de negocio. Que emprendas sin temor a perder. Que tengas las herramientas para competir y ganar. Que siempre tengas abundancia. Que mejores tu economía para que no dejes de hacer lo que te gusta.

Quiero que me acompañes a desmenuzar con mayor detalle las entrañas del esquema que he diseñado para ayudarte.

Tu Fuerza de Voluntad. Esa es la clave.
Consigue la libertad que anhelas, para que vivas con tus propios términos. Encuentra tu propósito y haz realidad tus sueños.

De un día para otro te quedaste sin trabajo. No tenías resultados espectaculares, pero tampoco pasaba por tu cabeza el ser despedido. No te habías preparado para ello. Fue trágico.

Has intentado echar a andar varios negocios sin éxito. Pensabas que era solo cuestión de invertir tu dinero y que de manera automática se iba a multiplicar. Y no resultó. Te das cuenta de las fallas y lo vuelves a intentar. Pero en cada ocasión pasa algo diferente que rompe con lo que pensaste. Otra vez el fracaso.

Algún familiar o amigo cercano te invita a un super-negocio, que no tiene falla, que no va a requerir mayor esfuerzo y te va a hacer millonario de la noche a la mañana.

Te desplumaron y hasta la relación terminó mal.

Eres previsor y tienes un ahorro para invertir en un proyecto alternativo, alguien te convence pero no tienes experiencia ni has intentado emprender. Sin embargo, tu preparación ya de varios años como empleado a buenos niveles te da la confianza para hacerlo.

Y pues no se dio. Y peor aún, todavía no sabes por qué. Todo y todos tienen la culpa, menos tú.

Podría continuar describiendo casos en una lista interminable de personas que me han compartido sus experiencias al tratar de emprender un nuevo camino, en donde desafortunadamente no se concretaron las expectativas y terminó en la mayoría de las ocasiones siendo un martirio.

Y no hablo de un sector específico de la población o un estrato social determinado. Este tipo de situaciones no discriminan género, nacionalidad, condición social o nivel de escolaridad.

Además, para la mayoría de los sectores de la población es cada vez más complicado sobrevivir. Los que aspiramos a algo mejor, cada vez somos más. Seguramente también lo percibes y tienes la misma inquietud por hacer algo.

La situación empeora si durante estos últimos meses sufriste una pérdida. Es una mezcla compleja de sentimientos, rabia, impotencia y miedo, sin

tener una respuesta clara de qué podemos hacer. ¿Aceptar y seguir? ¿Adaptarse y cambiar? Tomar nuevos caminos, pero ¿cómo carajos? ¿Hay complejidad? Por supuesto. ¿Hay incertidumbre? Si. ¿Hay volatilidad? Claro. ¿Hay ambigüedad? Naturalmente. ¿Y qué más hay?

¡OPORTUNIDAD!

Siempre hay oportunidad. Pero la curiosidad mató al gato. Más vale pájaro en mano que cien volando. Más vale malo por conocido que bueno por conocer. El mensaje es abrumador y está sumamente arraigado: no hay por qué arriesgarse, sigamos haciéndonos pendejos.

Pero, ¿por qué insistimos en hacernos pendejos? ¿Por qué preferimos evadir la responsabilidad? ¿Por qué optamos por la comodidad? ¿Por qué nos conformamos? ¿Por qué optamos por no arriesgar para saber la verdad?

Tengo una respuesta: porque preferimos ignorar cosas de nosotros que no nos gustan. Mejor ni le muevo, ¿no? ¿Para qué? Así déjelo, joven.

Solo quiero la parte de mí que me gusta. No quiero la otra parte. Si mi objetivo es dar un paso adelante y transformarme, debo incluir todo, lo que me gusta y lo que no, es decir, aceptarme tal y como soy. La tendencia natural es no querer mirar lo que sé que está mal en mí, olvidarme de la verdad. En otras palabras, hacerme pendejo.

Tengo capacidades que no quiero ver, es más, que tal vez por ciertos paradigmas no me gustan, pero ahí están, y en más de una ocasión echo mano de ellas y me las he arreglado de una u otra manera hasta en las situaciones más complicadas.

Lo que me falta es aceptarlas y trabajar en ellas, con una guía que me ayude a activarme, entre la teoría (sabes todo pero nada funciona en la realidad) y la práctica (todo funciona pero nadie sabe por qué).

Pero, ¿cómo surgió la idea "Dejemos de Hacernos Pendejos"? Durante charlas interminables en los escenarios más diversos, siempre salía invariablemente a relucir el tema de las incongruencias de gente conocida que se empeñaba en acentuar su falta de congruencia, o sea, hacer una afirmación y ejecutar totalmente lo opuesto.

He llegado a una etapa en mi vida en la que tengo la enorme posibilidad de compartir contigo algunos conceptos que he logrado aterrizar en mi práctica real, para que tengas la posibilidad de construir nuevas opciones a nivel profesional que te impacten positivamente.

Quiero enseñarte a crear Modelos de Negocio a partir de un Esquema simplificado que te permita tomar mejores decisiones.

El trayecto para llegar al producto final que ahora te ofrezco no fue sencillo. Para realmente aspirar a trascender con este proyecto, tuve que tomar en cuenta aspectos relacionados con la individualidad y desarrollo de cada persona. No solo hablo de números, procesos y bases de datos. Hablo de personas que buscan un cambio. Una salida en su vida. Un encuentro consigo mismos. Una alternativa de cambio real.

Quiero enfatizar que esto no pretende ser un coaching de vida ni una "Guía de Emprendimiento" (tan de moda en estos días). Mucho menos una fuente de motivación barata o un ejemplo a seguir (estoy muy lejos de ello). Tampoco es una receta de cocina, una fórmula mágica que multiplique los beneficios o un pensamiento mágico que atraiga cosas porque así se te ocurrió.

Un momento crucial fue cuando me di cuenta de que incluso las compañías con gran infraestructura carecían del conocimiento, entendimiento y herramientas que para mí eran fundamentales en mi práctica cotidiana para entender estos conceptos.

Un conjunto de principios que consideraba el eje para desarrollar oportunidades de negocio, pero que casi nadie tomaba en cuenta, dejando muchas veces al azar aspectos que podrían generar ganancias exponencialmente mayores si hubieran sido contemplados en una guía.

Mi inquietud es aportar aunque sea un granito de arena, ayudar compartiendo. No espero que coincidas conmigo en todo lo que vas a leer en esta publicación.

Lo que aspiro es a que te mueva alguna fibra para que hagas algo, con ello cumplí mi objetivo.

La vida me ha dado mucho más de lo que me ha quitado, y en cuestiones muy simples puedo concluir que he tenido éxito. Es mi momento para agradecerlo y compartirlo.

Mi deseo no es que la gente diga "se hizo millonario", "se hizo famoso", ni siquiera que "hizo las cosas bien". Mi deseo es que la gente diga "sí se atrevió".

No quiero seguir al borde del desfile viendo girar al mundo. No me importa brillar en el horizonte, lo que quiero es iluminar el camino.

Quiero dejar de hacerme pendejo para involucrarme con ustedes, con sus sueños y aspiraciones.

Nada triunfa como el fracaso, y lo quiero dejar bien claro. Me ha sacudido el miedo. He fracasado también incontables veces, pero ya no me importa a estas alturas cuántas veces más me tenga que levantar.

He vivido éxitos mediocres, que me engañan, que fomentan el hacerme pendejo, lo que representa un gran riesgo a estas alturas de mi vida. Ya no quiero eso. No más. Por ello inicio este nuevo camino y lo celebro ahora que estás leyendo estas líneas.

Es evidente que este camino no lo he recorrido solo. Han existido a lo largo de este trayecto personas entrañables, y otras no tanto. Pero he de reconocer que todas en alguna medida han contribuido para moldear mi sendero.

Quiero ser muy enfático en que no te voy a hablar de motivación. Muchas publicaciones te aseguran que si estás motivado lo vas a conseguir todo.

Que si no haces algo es porque no estás motivado. Dejemos de hacernos pendejos, no se trata de un tema de motivación, es cuestión de tu Fuerza de Voluntad. Son aspectos complementarios pero totalmente distintos.

Por ejemplo, imagina que tu fuerza de voluntad es una vela, y tu motivación un cerillo.

Cuando quieres hacer algo, enciendes la vela con el cerillo. Pero eventualmente la vela se va a consumir, porque tiene poca cera. Entonces, ¿qué se necesita? Pues que la vela tenga más cera, que sea más grande. No es cuestión de encender la vela.

El objetivo es que la vela se mantenga encendida, que la llama perdure.

No tiene sentido tener muchos cerillos si la vela es muy pequeña; de cualquier forma no va a perdurar. Es preferible tener solo un cerillo, pero una vela lo más grande posible.

Pero, ¿cómo puede crecer esa vela, es decir, esa fuerza de voluntad?

Con los hábitos. Entrena tus hábitos. Persevera.

La motivación no es suficiente.

Hábitos. Hábitos. Hábitos. Repetición. Hasta que sea automático.

En resumen:
- *La filosofía que aquí se expresa es una invitación a la acción, no pretende ofender a nadie. Si te ofendiste, ahórrate esta lectura y consíguete un buen psicólogo.*
- *El punto de partida es echarle muchos huevos. Si no estás dispuesto/a a echarle todas las ganas, no tiene ningún sentido seguir con esto. Si no hay fuerza de voluntad, mejor no pierdas tu tiempo.*

Primera Parte

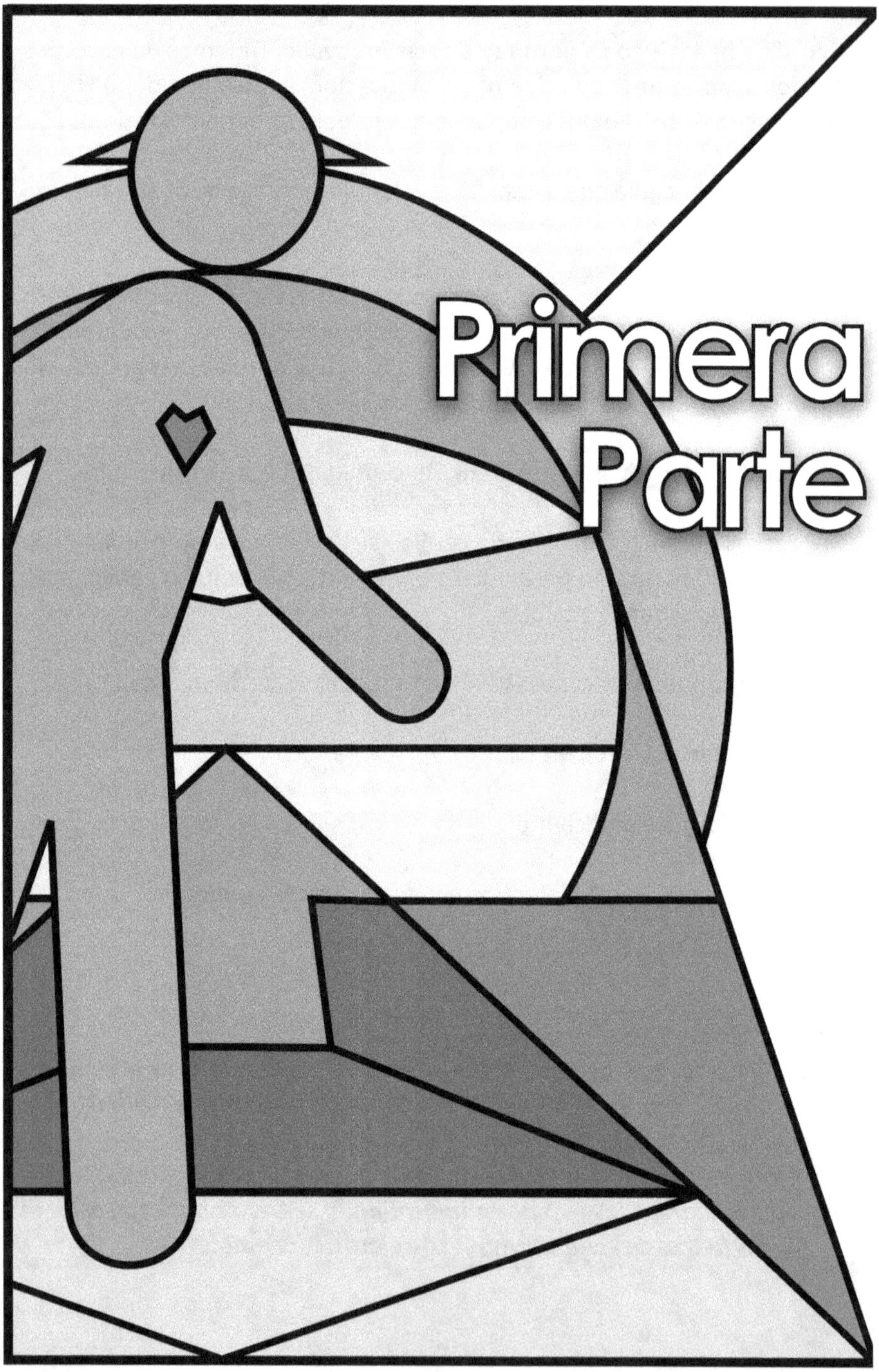

Primera Parte
Talento + Salud + Eficiencia
Seamos conscientes, más prácticos y un poco más saludables.

Antes de adentrarnos en el tema, lo primero que necesitas saber es dónde te encuentras. Y no me refiero en sentido literal; necesitas ser consciente de tus fortalezas y habilidades, qué es lo que haces mejor, incluso si algunas de tus virtudes no te agradan.

También es crucial evaluar tu salud. Si el cuerpo no está bien, la mente tampoco lo estará. Así de simple. No se trata de adoptar regímenes propios de atletas profesionales, no exageres; se trata simplemente de encontrar un equilibrio que te permita tener la energía necesaria para ser productivo.

Además, para aprovechar al máximo tu potencial, es imperativo que aumentes tu productividad. Existen mecanismos para enfocar tu atención en cuestiones importantes. Adáptalos a tu estilo, úsalos y observa cómo comienzan a surgir grandes diferencias.

En resumen:
- *Deja de hacerte pendejo/a y haz lo que mejor sabes hacer.*
- *Ya deja de huevonear y dale a tu cuerpo la atención que merece.*
- *Enfócate y deja de hacerte pendejo perdiendo el tiempo con cuestiones sin importancia.*

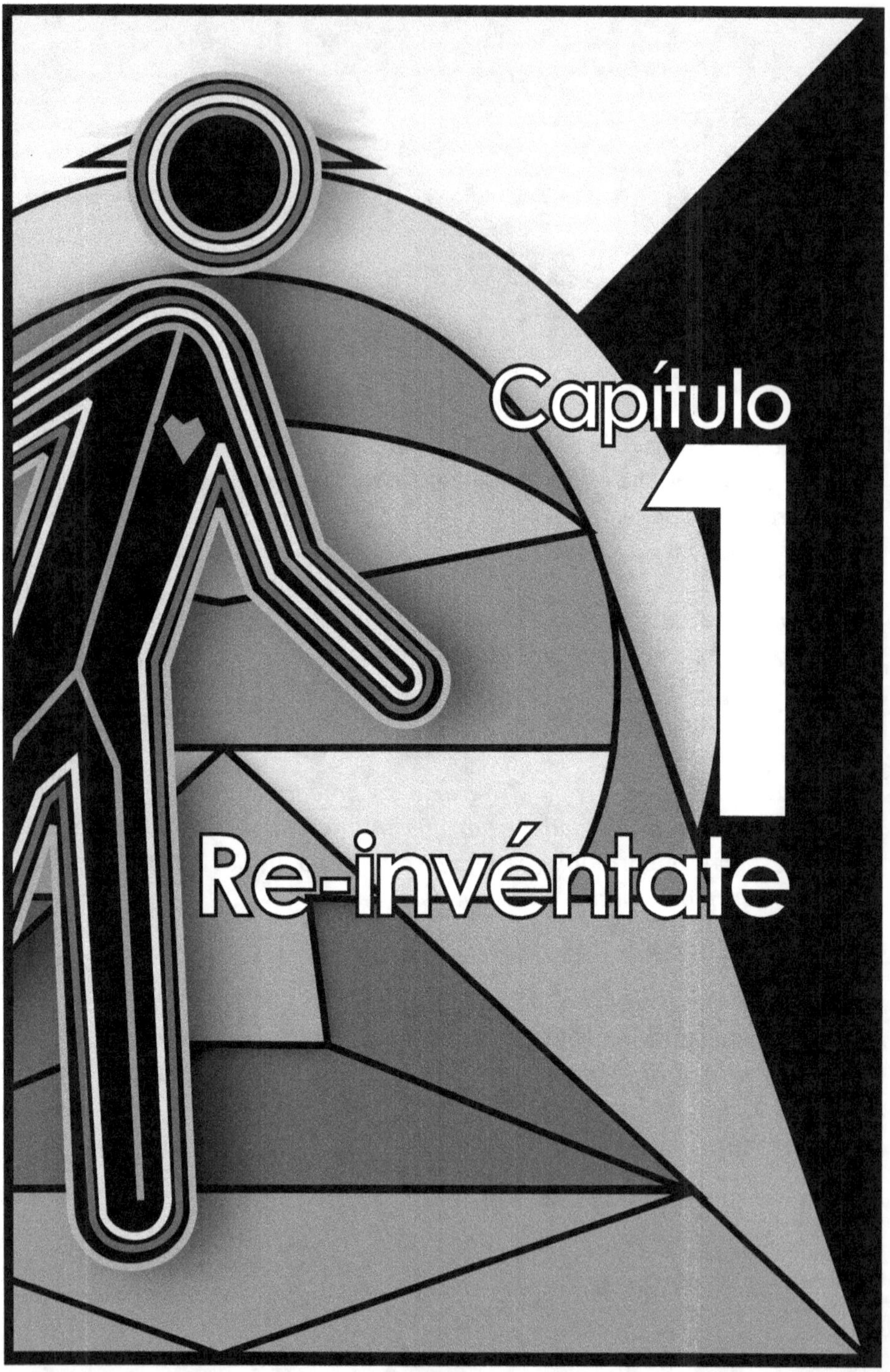

Capítulo

1

Re-invéntate

Capítulo 1. Reinvéntate

"El talento es un regalo, pero trabajar duro para desarrollarlo es una elección".- Michael Jordan

Adaptarse o morir. Una frase que hemos escuchado toda la vida. Aparentemente vacía, pero que cobra sentido cuando nuestro instinto nos advierte de manera inherente sobre el peligro inminente. Es una señal inequívoca de que es hora de hacer un cambio en tu vida. Los indicadores que te invitan a reflexionar pueden ser muy variados.

El mundo parece estar en un estado constante de aceleración, y es difícil mantenerse al día. Los cambios en la tecnología, la política y la economía parecen ocurrir a una velocidad vertiginosa. No es de extrañar que te sientas abrumado y desplazado.

Permíteme compartirte que en mi experiencia, atravesé una profunda depresión de más de 10 años. No me había dado cuenta de lo mal que me hacía sentir mi situación laboral. Tenía sus altibajos. El salario compensaba mi insatisfacción de alguna manera, o eso quería creer. Me brindaba una falsa seguridad.

No tuve el coraje para dar un giro, aunque me daba cuenta de la necesidad. Tuvo que ser un factor externo el que me obligara a hacer un cambio radical. La debacle llegó cuando esa insatisfacción se combinó con una pérdida brutal en mi vida familiar.

Hasta el día de hoy, sigo sin comprender cómo esa pérdida afectó mi percepción y respuesta ante la dinámica laboral. No pude discernirlo debido a estar inmerso en una serie de tribulaciones que incluso en ocasiones me hicieron perder la perspectiva real del entorno. En pocas palabras, mi desempeño laboral debió ser pobre.

Pero ese cambio implicó salir de mi zona de confort. Problema grave. Gravísimo, para alguien educado como aquel que no podía equivocarse, a quien no se le permitía fracasar.

Y más aún, porque no consideré que ese proceso de cambio implicaría tiempo, paciencia y mucho esfuerzo. La reinvención laboral es un tema de moda en la actualidad, ya que se ajusta a un mundo cambiante y dinámico, donde la tecnología está transformando de manera acelerada la forma en que trabajamos.

Podemos definir la reinvención laboral como la capacidad de los individuos para adaptarse a los cambios en los escenarios laborales, donde la agilidad, la flexibilidad y la actitud proactiva son piezas fundamentales del rompecabezas que significa evolucionar al ritmo de los nuevos retos en los puestos de trabajo.

Para muchos de nosotros, sin importar la edad o el nivel socioeconómico, no es cualquier cosa hablar de un cambio de carrera o sector; parecería un suicidio. Del mismo modo, emprender en estos tiempos turbulentos suena a una locura. Es desafiante asumir los riesgos de aprender nuevas habilidades, tecnologías y metodologías.

A lo largo del tiempo, hemos creído que nuestras habilidades y experiencia solo se pueden aplicar a asuntos específicos que nos brindan seguridad y comodidad, donde construimos una muralla en la que nos sentimos seguros. Nada más alejado de la realidad. El reto es derribar esas murallas. Duele, y mucho. No estamos preparados para ello. Adicionalmente, nos cuesta trabajo adquirir nuevas habilidades. El primer obstáculo somos nosotros mismos.

Ojo, hablo de un cambio realista, tomando en cuenta que en teoría sabes lo que quieres. Ese es el primer paso. Es la clave para el inicio. Pero, ¿cómo llego a esa definición? Aquí retomamos el concepto de satisfacción laboral que compartí en el primer volumen de esta serie. Para definir tu objetivo es imperativo que tomes en cuenta lo que te motiva, cómo te relacionas con los demás y cuáles son tus talentos naturales.

Satisfacción Laboral

Pero, ¿qué tiene que ver la reinvención con el talento? Pues están estrechamente relacionados, ya que la capacidad de reinventarse a sí mismo y adaptarse a nuevas oportunidades laborales está basada en el talento y las habilidades que posees.

Cuando buscas reinventarte profesionalmente, debes identificar tus intereses, personalidad y sobre todo, tus habilidades clave, es decir, tu talento natural, para considerar cómo pueden aplicarse a nuevos trabajos o industrias.

Por ejemplo, un diseñador gráfico que pierde su trabajo puede explorar oportunidades en marketing digital o diseño web, aprovechando su talento y habilidades en la creación visual. Además, la reinvención también puede ayudarte a descubrir nuevos talentos y habilidades que no habías explorado previamente.

Al buscar nuevas oportunidades laborales, puedes encontrar una pasión o habilidad que no habías considerado anteriormente, y puedes desarrollarla y convertirla en una carrera.

Si reconoces un talento en ti, es más probable que te guste en lugar de causarte desagrado. Esto se debe a que el reconocimiento de un talento es una fuente de confianza y autoestima. También puede proporcionarte una sensación de logro y satisfacción personal.

Sin embargo, hay algunas excepciones a esta regla. Algunas personas pueden sentirse incómodas o inseguras al reconocer su propio talento. Esto puede ser el resultado de experiencias previas negativas, creencias limitantes o miedo al fracaso. En estos casos, puede ser necesario trabajar en la autoestima y la confianza para aceptar y apreciar el talento.

Aunque es más común que a las personas les guste reconocer un talento en sí mismas, existen excepciones y puede haber factores personales que influyan en la aceptación o no del talento propio.

Tal vez, sabes que tienes un talento determinado pero no le has dado su justa dimensión, y no lo has ubicado en una actividad a la que le puedes sacar provecho. Y te doy un ejemplo.

Érase una vez, un niño tímido e introvertido que descubrió que le gustaba el escenario. Por azares del destino, mediante un sorteo fue elegido voluntariamente a fuerzas, para participar en una puesta en escena. El evento era la despedida de la educación primaria. El público era toda la escuela, incluyendo al personal docente y toda la parentela, como corresponde pues. El escenario, el patio central y unos pupitres con unas sillas al centro improvisando un escenario. No había dónde esconderse.

El protagonista se había aprendido a conciencia el papel. Era el principal, el más extenso y de quien dependía prácticamente el éxito del evento. Era su primera vez hablando él solo ante una bola de extraños. Los nervios eran insoportables. Cuando lo anunciaron, escuchó aplausos y caminó hasta ubicarse en el centro del patio. De repente, se hizo un silencio aterrador.

Tomó el micrófono. Se armó de valor. Exclamó la primera frase, y todo cambió. Se sentía dueño del mundo. Lo invadió un poder que nunca había experimentado. Por primera vez, sabía que tenía el control de la situación. La sangre hervía y las palabras fluían sin ningún tropiezo. Preciso y sin errores. Terminó el evento con un aplauso inolvidable. El reconocimiento de los organizadores no se hizo esperar.

Ese capítulo de su vida se perdió en el olvido. Nadie tuvo la visión y perspectiva para fomentar esa habilidad en el infante. Ni el mismo protagonista la reconoció como tal. Recordó el hecho como algo curioso. Una anécdota más.

Ya en su vida adulta, se encontró en la imperiosa necesidad de hacer presentaciones que nadie más quería hacer. Ahí recordó la placentera sensación de dominar el escenario, y con más elementos teóricos, fue perfeccionando la actividad, que adoptó como parte de su repertorio.

Pero aun así, no lo consideró como parte de su ventaja competitiva hasta que reflexionó sobre las habilidades que lo hacían diferente a los demás. Habilidades que le dan un extra. Habilidades que le permitieron dar un nuevo rumbo a su carrera profesional. Finalmente pudo sacarle provecho.

¿Cuál es la enseñanza? Seguramente sabes que cuentas con una habilidad que ejecutas con facilidad, de manera innata.

Es posible que no la consideres como parte de tu repertorio porque no la has desarrollado, o simplemente no has tenido la necesidad de usarla. O te da pena y la evitas. Está ahí, pero no le pones atención.

Lo interesante es cuando te das cuenta de que no todo el mundo la tiene, y constituye en realidad una ventaja competitiva que puedes explotar

La necesidad en la mayoría de los casos te impulsa a desarrollarla. Finalmente, te das cuenta de las posibilidades y beneficios que te representa, así que la consideras como un elemento fundamental de tu arsenal de habilidades y en algunos casos, incluso construyes tu oferta de valor alrededor de ella.

Aprovechar nuestro talento no sigue la lógica, no es algo automático, no cae del cielo. Debes trabajarlo. Debes analizarlo. Debes romper con tus paradigmas. Es un proceso. Muchas veces duele, y ahí está el origen de la resistencia al cambio. Tu talento es la semilla para reinventarte.

Descubre tu talento. ¡Aprovéchalo!
El resultado no es exigible, el esfuerzo sí. No siempre se puede ganar, existen muchas variables. Lo que no nos podemos permitir es hacernos pendejos y dejar de luchar. Nunca bajes los brazos.

Lo que destaco de mi generación es que nunca hemos dejado de aprender. Estamos acostumbrados a ello, y esta habilidad nos ha permitido recorrer caminos de mini-carreras con descansos a lo largo del trayecto. Nos hemos tenido que reinventar. La necesidad nos ha exigido emplear nuestra capacidad al máximo. Pero el camino se facilita si logramos identificar nuestro talento.

Seguramente lo tienes. ¡Encuéntralo, acéptalo, asimílalo y potencialízalo ya! Dejemos de hacernos pendejos.

¡Tienes que moverte! Pero ojo, no significa que debas renunciar a tu jefe tóxico en este momento. El movimiento al que me refiero tiene que ver con un cambio de actitud en respuesta a cómo han ido modificándose los códigos en los ambientes laborales.

Tiene que ver con una apertura hacia el entendimiento de todo el ecosistema que integra un negocio en general. Para ver dónde nos encontramos y cómo podemos aportar. O incluso para generar oportunidades de negocio en paralelo, desarrollándonos a nosotros mismos como una marca. Sí, tú eres tu propia marca, incluso dentro de tu actual empleo.

Estamos viviendo una revolución en la manera de trabajar. Es un momento terrorífico, pero a la vez mágico. Tenemos que volver a reinventarnos. Ya no cabe seguir haciéndonos pendejos. Los modelos de empleo del pasado están desapareciendo, y las grandes empresas ya no marcan la pauta en las carreras profesionales.

Ahora vivimos una nueva realidad en la que la supervivencia exige que dejemos de hacernos pendejos, porque la marca eres tú, y ya no hay justificación ni dónde esconderse.

Tu talento, siempre ha sido importante, pero cobra una relevancia como nunca antes en este momento de incertidumbre.

Lo que convierte a las personas en únicas son su creatividad, su imaginación, su capital intelectual, su talento. Esa singularidad varía por múltiples factores de diversos ámbitos. Podemos tener a dos individuos en apariencia con características muy similares (origen socioeconómico, género, ubicación geográfica, edad, etc.) pero con variantes que al final modifican significativamente el resultado (núcleos familiares, genética, etc.).

Te presento un ejemplo que nos ayuda a entender que el talento ahí está, pero en ocasiones no se potencializa de la mejor manera.

Nos situamos a principios de los 80´s. En una colonia populosa y brava de la capital, de clase muy baja. Dos niños que eran vecinos, vivían a dos terrenos de distancia uno del otro. Compartían la misma escuela, el mismo grado, e incluso los mismos gustos y aficiones.

A pesar de que su circunstancia económica en su entorno familiar era parecida en aquel momento, muy precaria por así decirlo, había diferencias que a fin de cuentas fueron determinantes en su desarrollo.

Los orígenes de ambos eran diametralmente opuestos. Una de esas familias había tenido mejores tiempos. Económicamente lograron una solvencia de clase media-alta. Por malas decisiones y circunstancias desafortunadas cayeron en una espiral negativa que los llevó a vivir en un mundo muy diferente al que conocían. La otra familia nunca tuvo la perspectiva de que podía haber algo mejor afuera de ese ambiente, por lo que habían permanecido ahí desde que tenían memoria y no les preocupaba ver más allá de esas cuatro paredes de adobe y techos de lámina.

Curiosamente, los dos amigos eran los asiduos competidores por los mejores promedios de su salón. Ambos eran estudiantes brillantes y ya era una costumbre que alguno de los dos ocupara el primer lugar de aprovechamiento en su salón de clase. Había una materia en el que siempre destacaba uno de ellos, el de origen más humilde. Las matemáticas.

Pasó la etapa de educación básica y dejaron de frecuentarse. Cada quien creció por su lado y se perdieron la pista. Aquel niño que tenía una familia de origen en una clase más acomodada, siempre tuvo la inquietud de luchar. Con base en su fuerza de voluntad, logró por méritos propios forjar un camino que lo llevó a mejorar el nivel de bienestar que tuvo su familia en muy lejanas épocas.

El camino del otro niño había sido totalmente diferente. No tuvo la oportunidad de contar con una orientación, un ejemplo y sobre todo, una perspectiva más amplia que le permitiera entender que había algo más allá de ese ambiente en el que había crecido. Parecía que había extraviado el camino.

Después de un largo viaje de negocios por el extranjero, ya hecho todo un empresario, con gran nostalgia llegó a visitar a su hermana que conservaba esa casa en donde habían crecido. Hacía ya mucho tiempo que no iba por esos rumbos. Antes de tocar la puerta, pasaba lentamente frente a él un enorme camión que apenas cabía en la estrecha calle.

Menuda sorpresa se llevó cuando reconoció a su amigo haciendo sonar la campana para avisar a los vecinos que había llegado el servicio de recolección de basura. Aquel muchacho estaba casi irreconocible por toda la mugre impregnada en su rostro. Era el mismo con el que jugaba en aquella época.

Pero, ¿qué había pasado? ¿Cómo era posible? Siempre impecable en su uniforme, siempre con la respuesta correcta, siempre en el cuadro de excelencia.

Por supuesto que al momento de reconocerse, se fundieron en un gran abrazo. Después de una larga plática, quedaron en reunirse en las oficinas del empresario, porque éste sabía que su amigo sin lugar a dudas tenía talento.

Toda vez que el joven de la recolección de basura demostró lo que su amigo ya sabía, le ofrecieron la oportunidad de terminar sus estudios, y la posibilidad de especializarse dentro de aquella empresa. Con la confianza y el apoyo que le brindaron, la oportunidad la aprovechó con creces.

No tuvo ninguna dificultad en aprender, y poco a poco logró hacer una carrera sólida. El talento estaba ahí, intacto. El amigo empresario lo impulsó. Lo que faltaba era visión, esa inercia generada por la fuerza de voluntad, y una mano que ayudara a encontrar un camino diferente, lejos de asumir que tenía que aceptar su pobre realidad.

Reflexiona por unos momentos, ¿cuántos casos conoces de personas allegadas a ti que han desaprovechado talentos innatos que hubieras querido haber adquirido tú y ellos ni siquiera eran conscientes de tenerlos o simplemente no los valoran en su justa dimensión?

¿Cuántos casos conoces de vidas literalmente desperdiciadas en el ámbito laboral por no haber tenido una orientación adecuada, o como le llamamos coloquialmente, necesitaban sólo de un empujoncito y nunca lo han tenido?

¿Cuántos casos conoces de personas que tenían todo para triunfar y por un pelito de rana no lo lograron?

El mensaje es claro: dejemos de hacernos pendejos y elimina de tu vocabulario la palabra "conformismo".

Supera la rutina, encuentra tu singularidad, aquello que te hace realmente auténtico, no seas una cifra más de la estadística, re-invéntate, anticípate a los cambios. Hay un mundo más allá de lo que percibes desde tu cubículo, o desde la camarita de zoom en donde llevas a cabo tus reuniones.

Si actualmente eres empleado suena aterrador, lo sé, y parece que nunca

vas a estar preparado/a para el momento en que te digan adiós, esa sensación de vacío por una serie de promesas rotas sobre la seguridad de tu carrera profesional es horrible, no se lo deseo a nadie. Y vas a tardar en asimilarlo.

Algo que debes entender, es que en el ámbito profesional de los pequeños, medianos y grandes corporativos por igual, lo que realmente importa, es lo que piensan de tu trabajo tus compañeros. Esa es la apabullante realidad. Es el pináculo del arte de hacerse pendejo. Y no me dejarás mentir, hay muchos nadando por ahí de "muertito" guardando apariencias sobre un ecosistema que mantienen sólo unos cuantos. No importa qué tan dedicado o comprometido seas, si no entras al juego estás frito.

¿Por qué lo menciono? Porque la gran mayoría no está consciente de ello, parece que sólo vemos hacia arriba y no miramos a los costados.
Aquí cabe hacer un paréntesis, para enfatizar que es igual o más importante y poderoso conectarte a nivel horizontal, es decir, con tus colegas, que con la "Cadena de Mando".

A final de cuentas, esa "Cadena de Mando" la integran un grupo de personas que han tenido la habilidad de adherirse a "la forma institucional en la que se hacen las cosas". Dicho de otra manera, son los guardias del pasado, ahí no se encuentra la semilla del cambio, ni aparentemente alguna alternativa para tu re-invención. A menos claro que hayas decidido seguir otro camino forjando una estrecha relación con alguna posición de poder, lo que provoca casi en automático un rechazo en las relaciones horizontales.

Cuando no tienes la habilidad para engancharte de forma horizontal, pagas muy caro las consecuencias cuando llega alguien que no te quiere en tu puesto, porque simplemente no eres de "su gente". Será muy fácil borrarte del mapa. No estamos preparados para enfrentar ese trauma. Nunca. Créeme. Es extremadamente difícil reflexionar en qué te habías hecho pendejo/a, cuál fue tu responsabilidad y cuáles fueron las circunstancias que se dieron y no quisiste ver. Aunque pasaron ante tus ojos, para que ese fatídico desenlace ocurriera.

Las condiciones del mercado están cambiando a un ritmo significativamente acelerado. La duración media en promedio de una empresa se está acortando. Lo cual se combina con un incremento en la edad productiva de los trabajadores.

Cada vez es más probable que un individuo sobreviva a una empresa para la que trabaje, sin importar su tamaño. Las corporaciones siempre estaban ahí. Ahora ya no.

Generaciones cercanas a la mía (quinto piso y más) critican asiduamente a las generaciones más jóvenes por su volatilidad en el tema de la lealtad corporativa. Pero habría que analizar que ellos ya lo han entendido en el buen sentido. Esa lealtad ha cambiado.

Sin confundir con irresponsabilidad, que también hemos de reconocer se ha incrementado, para estos nuevos trabajadores es tan natural el cambiar de trabajo como de calcetines. Saltar de un puesto a otro por mejores condiciones, tal vez por detalles que para mí hubieran sido motivos impensables para vivir un cambio.

Es una normalización que debes entender, adoptar y aprovechar a tu favor. Por ello, es muy importante adquirir las herramientas para generar alternativas reales ante esta re-invención del puesto de trabajo.

Dejemos de hacernos pendejos y preocupémonos por generar una marca propia, nuestro distintivo, nuestro sello singular e irrepetible. Un plan alternativo que nos permita barajar opciones reales.

Identifica tu talento. Úsalo. Aplícalo. Has de ello tu sello distintivo, tu marca.

Capítulo

2

Mejora tu Salud

Capítulo 2. Mejora tu salud.

Es el vehículo. Cuídalo y dale mantenimiento. Cuerpo y mente están ligados.
Tu salud no es sólo no estar enfermo. Aquel que tiene salud, tiene esperanza. Y aquel que tiene esperanza, lo tiene todo.

Tenía programada una sesión con un cliente muy importante, en donde para variar, no era el proveedor consentido. Tenía que traer esa cuenta sí o sí. Se había contratado un transporte expresamente para traer a nuestras oficinas al ejecutivo en cuestión. Se había reservado la mejor sala de todo el piso. Comida, bebida, todo listo. Incluso se había programado en un horario que no afectara el tortuoso simulacro que se celebraba por tradición en recuerdo a ese fatídico 19 de Septiembre de aquel lejano 1985.

Todo iba perfecto. Todo en tiempo con respecto a lo planeado. El "Gurú-Especialista-Master" empezaba a presentar ante la audiencia para iniciar la plática, cuando la pesadilla empezó.

Tuve la fortuna de no haber sido testigo presencial de alguna tragedia derivada del temblor del 85 en la Ciudad de México. Fue un evento caótico hasta donde recuerdo. Paró las actividades de toda la cuidad por al menos dos semanas.

Atribuyo, en lo personal, mi falta de sensibilidad o empatía para el temblor de ese año, primero a mi corta edad, segundo, a no haber visto de primera mano el sufrimiento que causó, y tercero al impacto que había generado en mí el ingreso a la secundaria, lo cual había ocurrido apenas un par de semanas antes de la tragedia. Principalmente este último factor era el que, en ese momento, tenía un peso determinante en mi vida por el cambio tan radical que representó.

Regresando al 2017, desde el piso 10 se empezaba a sentir el movimiento del edificio. Para un habitante permanente de la Ciudad de México, sería uno más. Ya estoy acostumbrados. Pero este fue diferente. Recuerdo no poder siquiera ponerme en pie. El movimiento era tal que no podía moverme. Es un sentimiento de impotencia difícil de describir. Todos nos

buscamos con la mirada en esos momentos. Hacia el otro lado de la sala estaba el cliente, agachado debajo de una mesa, con una cara de terror que nunca se me olvidará. El sonido del mobiliario golpeando, las lámparas balanceándose sobre todos, los gritos de las compañeras. Parecía nterminable. Inolvidable.

Cuando por fin terminó lo que se hizo una eternidad, inmediatamente miré a los ventanales en dirección al resto del Valle de México. Parecía una zona de guerra por las humaredas que emanaban de innumerables puntos que se veían a la distancia.

Recuerdo haber confirmado por mensaje en unos pocos minutos que mi familia estuviera bien. Afortunadamente en poco tiempo llegaron a mi hogar. El reto inmediato fue evacuar el edificio y trasladarme a casa. Por fin logré llegar a mi destino después de un par de horas en un camino que en mi cotidianidad me tomaba 20 minutos. Sobra describir el caos que se generó.

Puedo asegurar que nunca había experimentado esa sensación de malestar. No lo puedo explicar. Era una especie de dolor emocional que se manifestaba en forma de un malestar físico sin explicación aparente. Llegó a ser de tal intensidad, que me puse ropa deportiva, un par de tenis y me salí a correr.

No importaba hacia dónde, ni por cuento tiempo, el chiste era salir y despejar la mente, eliminar esa sensación que invadía todo el cuerpo.

Esa fue la primera vez que salí a la calle a correr. Normalmente tenía el hábito de hacer ejercicio, de manera más intermitente. Dos o tres veces por semana en un ambiente cerrado y más controlado, pero nunca en la calle. Ni de esa manera tan intempestiva. Sin programarlo, impensable.

A partir de esa fecha empecé a correr por las tardes todos los días. Encontré una ruta con la que me familiaricé, y con base en la constancia y disciplina generé un hábito que conservo y programo hasta la fecha. Atribuyo a este hábito el mantener mi equilibrio. La sensación de bienestar desde aquel momento ha sido un bálsamo y me ha permitido incrementar mi energía diaria y la claridad de mi pensamiento.

Poco tiempo después integré en mis sesiones a un compañero de cuatro patas, que se ha convertido en un acompañante inseparable, lo que mejora significativamente la experiencia.

Esa necesidad de bienestar, mantener un equilibrio, de sentir como fluye esa energía, es ahora una pieza fundamental en mi vida. La constancia y disciplina en ese ámbito me permitió volver a competir y me ha demostrado que con trabajo la diferencia en el desempeño es significativamente superior comparándome con personas de mi edad y aún más jóvenes.

Entendí que mi mejor momento es el ahora. No existen los hubiera. Hasta ahora lo reflexioné. Hasta ahora lo maduré. Hasta ahora lo apliqué.

Muchas veces tenemos que vivir un evento de alto impacto para hacer algo diferente. Esperamos a sentirnos realmente mal para tomar acción. Sí, ya lo sabía, ya lo había escuchado, ya lo había leído. Pero hasta no vivirlo en carne propia no lo entendemos en su justa dimensión.

¿Y a qué viene esta reflexión? Debemos considerar el concepto de administración de nuestra salud y condición personal como una habilidad más de nuestro rol en el trabajo. ¿Pero por qué? Simple: dejemos de hacernos pendejos. Esa condición de estado físico y salud la llevamos todos los días al trabajo. Para bien o para mal afecta tu desempeño tanto como tus habilidades, experiencia o educación.

Ya no es un tema estrictamente individual. Es un factor crítico de negocio, que afecta directamente la rentabilidad del mismo. Tu salud cuenta mucho para la Organización, ya que siempre hay dinero en juego de por medio.

Los problemas de salud actualmente son una porción importante de la estructura de costos de cualquier empresa, por lo que resulta imperativo tener un control sobre ellos. Piénsalo de esta manera. Tus habilidades

técnicas son tan importantes como un buen estado de salud. Si el esfuerzo, la disciplina, la constancia, la perseverancia, las aplicas a cualquier aspecto de tu vida, en este caso ponerte en forma, el resultado será evidente.

No hay atajos, no puedes hacerte pendejo toda la vida, el trabajo rinde frutos, tarde o temprano los resultados salen a la luz. Estás cediendo el terreno a alguien que tal vez no tenga tu capacidad intelectual, ni tu experiencia, pero está mejor catalogado en la organización porque está físicamente en mejor forma que tú y ello representa mayor productividad para la empresa.

Esa energía, entendida como la capacidad para realizar el trabajo, es un producto natural de ponerse en forma. Y para un país catalogado como de los más obesos del mundo, representa todo un reto.

Cabe destacar que no necesariamente el sentirse enfermo debe ser un detonante para iniciar con un proceso de mejora en tu condición física.

Aunque te sientas relativamente bien y no tengas problemas de salud aparentes, puedes tener una condición física pobre.

Independientemente de lo que nos depare el destino, dejemos de hacernos pendejos, tu bienestar es exclusivamente tú responsabilidad. Tu bienestar y mejora dependen sólo de ti.

El otro tema sumamente polémico es el de los hábitos alimenticios. No es suficiente con una activación en la actividad física, tiene que ir acompañada forzosamente de otros dos factores fundamentales: la alimentación y el descanso.

Pero, ¿cómo puedo alinear esos tres factores si no me da tiempo ni de terminar con mis actividades diarias, para pretender hacer ejercicio y dormir lo mínimo indispensable? la respuesta es: fuerza de voluntad. Cambia tus hábitos. Organízate. Dejemos de hacernos pendejos, si empiezas a organizarte, de una manera diferente, con disciplina y constancia, por supuesto que es posible. Siempre hay un camino. Hace falta fuerza de voluntad para recorrerlo. El deseo de estar saludable y mejorar la condición física empieza en el interior de tu cabeza, y no me refiero al pensamiento positivo.

Es más poderoso un pensamiento no-negativo. La clave es eliminar la negatividad. Evitar a toda costa el pensamiento negativo para no sabotear lo que en tu mente ya se han establecido como metas positivas.

Pero, ¿no es lo mismo eliminar pensamientos negativos que aumentar pensamientos positivos? Pues no. Te explico porqué: de entrada hablo de dos factores separados que se deben medir en escalas diferentes.

Es decir, no se miden en la misma regla. No son los extremos. El optimismo y el pesimismo se miden cada uno en su propia métrica.

¿Por qué? porque nuestros instintos de supervivencia nos predisponen a reaccionar de manera más poderosa ante el peligro y pérdida que ante las cosas buenas que nos puedan suceder.

Esto significa que los pensamientos negativos conllevan una mayor influencia que los positivos.

En la escala del optimismo, el incremento de pensamiento positivo tiene menor impacto que la reducción en la escala del pesimismo de los pensamientos negativos.

Ante condiciones adversas, exigentes o en escenarios complicados, el pretender pensar positivo no va a funcionar del todo bien.

El cambio para eliminar lo negativo no es cualquier cosa. Lo sé. Es prácticamente imposible estar monitoreando todo el tiempo lo que estás pensando para eliminar de tu mente la negatividad. Pero sirve de mucho darte cuenta y empezar a cambiar.
Tampoco simplificamos el tema del cambio. Ya se planteó que no es sólo una chispa de motivación lo que se necesita. Es un cambio de hábitos. Es aplicar fuerza de voluntad, no es un asunto trivial.

Hemos escuchado infinidad de veces que el cambio es algo bueno. Lo que no nos dicen es que algo que no queríamos que pasara o no lo veíamos venir y sucedió. Por ello, estamos obligados a cambiar.

Un cambio te va a generar estrés, y tal vez un des-balance que va a requerir que te re-organices incluso a nivel emocional. Reflexiónalo. Controla lo que puedes controlar. Ve poco a poco. Sin duda alguna, lo más difícil para adoptar una nueva rutina de ejercicio o alimentación son los primeros 60 segundos.

El reto es romper la inercia que traes, aguanta, no te rindas. Después de los primeros 60 segundos, todo será más fácil.

Empezar siempre va a ser lo más difícil. Necesitas construir nuevos hábitos, se pueden desarrollar relativamente rápido, sólo es cuestión de dejar de hacernos pendejos 30 días.

Si, así como lo lees. Son suficientes 30 días para cambiarle el chip a tu cerebro y adquirir nuevos hábitos que van a representar un cambio radical incluso en cómo percibes tu realidad.

Reflexiona nuevamente, ¿cuántos casos conoces de personas dentro de tu círculo más cercano que se quejan todo el tiempo de sentirse mal físicamente y siempre, siempre, siempre posponen ese momento para iniciar con cualquier rutina de ejercicio?

¿Cuántos casos conoces de colegas que nunca tienen tiempo ni siquiera para respetar una hora de comida? ¿O que comen cualquier porquería para "engañar a la tripa"?

¿Cuántos casos conoces de amigos o parientes que tienen los aparatos de ejercicio como percheros de ropa arrumbados en el rincón?

No vayamos más lejos, ¿cuántos casos conoces de gente que deja su salud como última prioridad y las consecuencias les salen más caras que lo que pudieron ganar a cambio de dañar su salud?

Diseña tu rutina.

"Emprender un camino hacia la salud física a través del deporte es como emprender un camino hacia el éxito en los negocios: ambos requieren determinación, disciplina y perseverancia." - Richard Branson.

Ya hice énfasis en la consideración de la administración de nuestra salud y condición personal como una habilidad más de nuestro rol en el trabajo. Me enfoqué exclusivamente en el aspecto individual. Ahora, mi intención es darte un contexto más amplio sobre la grave problemática que se enfrenta a nivel global en términos de salud laboral.

Sin duda alguna, la pandemia que estamos viviendo potencializó la necesidad de poner atención y resolver los temas pendientes relacionados con la salud en el trabajo.

Datos Interesantes

Según un informe de la Organización Internacional del Trabajo (OIT) en 2021, la pandemia ha afectado significativamente el absentismo laboral en todo el mundo, con un aumento promedio del 30% en el número de días de trabajo perdidos en comparación con los niveles pre-pandémicos.

Un estudio de la consultora McKinsey en 2020 encontró que el 62% de los trabajadores en todo el mundo informó haber experimentado algún tipo de estrés laboral relacionado con la pandemia, lo que ha llevado a un aumento en el absentismo laboral.

Un informe de la compañía de seguros de salud Cigna en 2021 encontró que el 63% de los empleados en todo el mundo informó haber experimentado un aumento en el estrés laboral desde el inicio de la pandemia.

Un informe de la Organización Mundial de la Salud (OMS) en 2021 encontró que la pandemia ha afectado especialmente a los trabajadores de la salud, con un aumento del 50% en el absentismo laboral en comparación con los niveles pre-pandémicos.

Un estudio de la consultora PwC en 2020 encontró que el 70% de los empleados en todo el mundo informó que la pandemia ha afectado

negativamente su bienestar emocional, lo que ha llevado a un aumento en el absentismo laboral.

La pandemia ha tenido un impacto significativo en el absentismo laboral en todo el mundo, con un aumento en el número de días de trabajo perdidos debido al estrés y la ansiedad relacionados.

Muchas empresas están tomando medidas para abordar este problema a través de programas de bienestar y otros esfuerzos para mejorar la salud y el bienestar de sus empleados en estos tiempos difíciles.

Por lo anterior, la inversión en la salud y seguridad laboral adquiere protagonismo en la cultura corporativa, ya que tiene un impacto positivo en la productividad, ayuda a reducir el absentismo y mejora la moral de los empleados.

Salud Laboral

Los ambientes laborales saludables se caracterizan por un compromiso con la seguridad y la salud de los empleados, una cultura de bienestar y un ambiente físico saludable.

Podemos destacar los siguientes beneficios de la inversión en salud laboral:

Incremento de la productividad: los trabajadores saludables y seguros son más propensos a trabajar de manera más eficiente y productiva.

Reducción del absentismo: la inversión en salud laboral puede reducir las enfermedades y lesiones relacionadas con el trabajo, lo que disminuye el absentismo laboral y los costos asociados.

Mejora de la moral de los empleados: la inversión en salud laboral puede mejorar la satisfacción y el compromiso de los empleados, lo que a su vez puede aumentar la productividad.

La inversión en salud laboral tiene un efecto positivo en la imagen de la empresa y su reputación, así como en la reducción de costos a largo plazo asociados con enfermedades y lesiones relacionadas con el trabajo.

Las empresas deben implementar políticas y programas que ayuden a reducir el estrés laboral, como proporcionar recursos para el manejo del estrés y la promoción de un ambiente de trabajo saludable. No es un tema menor.

El maldito Estrés

El estrés en el trabajo es el protagonista en el impacto negativo en la salud mental y la productividad de los empleados. El estrés crónico en el trabajo puede aumentar el riesgo de depresión, ansiedad y trastornos relacionados, lo que puede tener un impacto en la calidad de vida y el desempeño laboral de los trabajadores.

Desde una evidente reducción de la productividad, ya que el estrés puede distraer a los empleados y reducir su capacidad para concentrarse y tomar decisiones.

El estrés puede provocar enfermedades físicas y mentales que pueden llevar al absentismo laboral, y aumenta el costo de la atención médica para las empresas debido a las enfermedades relacionadas. El estrés afecta negativamente la cultura y el ambiente laboral, lo que puede llevar a una menor satisfacción y compromiso de los empleados.

En este aspecto la pandemia tuvo un protagonismo gracias a los efectos negativos que generó en la fuerza laboral. Los tipos de estrés laboral que han sido experimentados durante la pandemia son:

Cambios en la forma de trabajar: La pandemia ha obligado a muchas empresas a cambiar su forma de trabajar, lo que puede ser estresante para los empleados que deben adaptarse a nuevos sistemas, procesos y tecnologías. El cambio constante y la incertidumbre pueden ser estresantes para algunos trabajadores.

Aislamiento y falta de conexión: Muchos trabajadores han tenido que trabajar desde casa durante la pandemia, lo que puede llevar a la falta de conexión con los compañeros de trabajo y la sensación de aislamiento. La falta de conexión social puede ser estresante para algunos trabajadores.

Preocupaciones de salud y seguridad: La pandemia ha llevado a preocupaciones de salud y seguridad en el lugar de trabajo, como la preocupación por el contagio, la falta de equipo de protección personal adecuado y las políticas de distanciamiento social. Estas preocupaciones pueden ser estresantes para algunos trabajadores.

Preocupaciones financieras: La pandemia ha llevado a una recesión económica global, lo que ha resultado en despidos y preocupaciones

financieras para muchos trabajadores. La preocupación por la seguridad laboral y financiera puede ser estresante para algunos trabajadores.

Sobrecarga de trabajo: Con la pandemia, muchas empresas se han visto obligadas a reducir su fuerza laboral, lo que ha resultado en un aumento en la carga de trabajo para aquellos que se quedan laborando. El exceso de trabajo puede llevar a la fatiga laboral, el agotamiento y el estrés crónico.

Fatiga Laboral

Entrando a detalle, la adecuada gestión de la fatiga laboral puede mejorar la productividad en el lugar de trabajo. La fatiga laboral puede ser causada por una variedad de factores, como el estrés, la falta de sueño, la mala nutrición y el sedentarismo.

Los efectos negativos de la fatiga laboral tienen un impacto en la reducción de la productividad, en el aumento del riesgo de accidentes laborales, y una evidente afectación de la salud mental y física.

Las estrategias que se pueden implementar incluyen la promoción de una cultura de bienestar en el lugar de trabajo, fomentando la actividad física y una nutrición saludable, así como el proporcionar a los empleados recursos para manejar el estrés, como entrenamiento en habilidades de gestión del tiempo y técnicas de relajación.

Te comparto algunos ejemplos de técnicas de relajación que pueden ayudar a combatir la fatiga laboral:

Técnicas de respiración: las técnicas de respiración pueden ayudar a reducir la ansiedad y el estrés. Una técnica común es la respiración abdominal, donde se inhala por la nariz y se exhala por la boca mientras se enfoca en la respiración profunda en el abdomen.

Meditación: la meditación puede ayudar a reducir la ansiedad y el estrés, así como mejorar la concentración y la productividad. Una técnica común de meditación es sentarse en una postura cómoda, enfocarse en la respiración y dejar que los pensamientos fluyan sin juzgarlos.

Yoga: el yoga combina técnicas de respiración y estiramientos suaves para relajar el cuerpo y la mente. Las empresas pueden proporcionar clases de yoga en línea o en el lugar de trabajo.

Masajes: los masajes pueden ayudar a aliviar la tensión muscular y reducir el estrés. Algunas empresas ofrecen servicios de masaje en el lugar de trabajo.

Escuchar música relajante: escuchar música suave y relajante puede ayudar a reducir la ansiedad y el estrés. Los empleados pueden usar auriculares para escuchar música en el lugar de trabajo.

Ejercicio: el ejercicio regular puede mejorar la salud mental y física y reducir el estrés. Los empleados pueden aprovechar su hora de almuerzo para hacer una caminata o ir al gimnasio después del trabajo.

La actividad física no tiene que ser complicada o costosa. Incluso una actividad moderada, como caminar durante 30 minutos al día, puede tener un impacto significativo en la salud. La clave es iniciar. Con un poco de información, tú mismo puedes diseñar tu programa individual de acondicionamiento.

Diseña tu rutina

Objetivo del programa: Mejorar el bienestar físico y mental de los empleados, aumentar su nivel de energía y concentración para mejorar su desempeño laboral.

Duración del programa: 8 semanas.

Frecuencia: 3 veces por semana.

Tipo de ejercicio: Ejercicios cardiovasculares, de fuerza y flexibilidad.

Ejercicios cardiovasculares

- Semana 1-2: Caminar rápido durante 20 minutos en el lugar.

- Semana 3 4: Correr o caminar rápido durante 30 minutos en el lugar o en el exterior.

- Semana 5-6: Saltar con o sin cuerda durante 30 segundos y descansar 30 segundos, repetir durante 10 minutos.

- Semana 7-8: Hacer una clase de baile o una rutina de cardio en casa.

Ejercicios de fuerza

- Semana 1-2: Hacer 10 repeticiones de flexiones de brazos, 10

repeticiones de sentadillas y 10 repeticiones de abdominales, descansar y repetir 3 veces.

- Semana 3-4: Hacer 12 repeticiones de flexiones de brazos, 12 repeticiones de sentadillas y 12 repeticiones de abdominales, descansar y repetir 3 veces.

- Semana 5-6: Hacer 15 repeticiones de flexiones de brazos, 15 repeticiones de sentadillas y 15 repeticiones de abdominales, descansar y repetir 3 veces.

- Semana 7-8: Hacer una rutina de entrenamiento de fuerza en casa o en el gimnasio.

Ejercicios de flexibilidad

- Semana 1-2: Hacer 10 repeticiones de estiramientos de piernas y 10 repeticiones de estiramientos de brazos, mantener cada estiramiento durante 20 segundos.

- Semana 3-4: Hacer 12 repeticiones de estiramientos de piernas y 12 repeticiones de estiramientos de brazos, mantener cada estiramiento durante 20 segundos.

- Semana 5-6: Hacer 15 repeticiones de estiramientos de piernas y 15 repeticiones de estiramientos de brazos, mantener cada estiramiento durante 30 segundos.

- Semana 7-8: Hacer una clase de yoga o de estiramientos en casa o en el gimnasio.

Es importante que antes de iniciar cualquier programa de ejercicio físico, los empleados consulten con un profesional de la salud para verificar que están en condiciones físicas adecuadas para realizar actividad física intensa. También es importante recordar que los programas de ejercicio deben adaptarse a las necesidades y características individuales de cada persona.

Cabe destacar que los empleados que se sienten valorados y cuidados por su empresa son más propensos a sentirse motivados y comprometidos con su trabajo, lo que se traduce en una mayor satisfacción laboral y una mayor lealtad a la empresa.

¿Qué esperas para activarte? Vas a poner mil pretextos. Evalúa todos los beneficios. Recuerda, aguanta el primer minuto. Sólo el primero. Después será más fácil.

Capítulo

3

Mejora tu Enfoque

Capítulo 3. Eficiencia

Ya dejemos de hacernos pendejos. Pero, ¿por dónde empezamos?

Conducta de Efectividad Aparente: dícese de aquel que habla mucho, se la vive viajando y siempre está ocupado/a, para obtener siempre el mismo resultado. En otras palabras, el "Arte de Hacerse Pendejo".

Realmente me he cansado de ver pasar filosofías, métodos, iniciativas, que se instalan como una moda pasajera y efímera. Diseñadas para ambientes diferentes. Para ideologías diferentes. Para circunstancias diferentes.

Si bien te va, podrás quedarte con un par de conceptos que medio los puedas aprovechar, y hasta ahí. Ojalá que el material, curso, exposición o taller te lo haya pagado la empresa en donde trabajas, ya que seguramente por iniciativa propia ni de loco/a lo pagas de tu bolsa.

¿Por qué no encontramos un método que genuinamente provoque una transformación? ¿No estamos hechos para eso? ¿No tenemos la disciplina suficiente? ¿No existe gente exitosa a la cual se le puedan copiar sus mejores prácticas?

¿Siempre tiene que ser tan complicado? ¿Acaso no podemos ser mejores que en otras regiones? ¿Por qué no hay conceptos aterrizados y entendibles para aquellos que no estamos familiarizados con términos de negocios?

En escala del 1 al 10, que tan capaz te sientes para poder competir en el escenario actual en tu país y en el ámbito de tu competencia. En tu rol en el lugar donde trabajas, siendo el 1 la calificación más baja y el 10 la más alta. Piénsalo y ten en mente el número que consideraste.

Esto es más serio de lo que piensas. Tu capacidad supone solución, entendimiento, creatividad, con base en el uso de recursos, aptitudes y habilidades que tienes a tu alcance.

Asumo que posees el talento y la inteligencia para explotar a plenitud tus

capacidades, pero no necesariamente tienes a tu alcance las herramientas, métodos y conocimiento para aprovechar en su dimensión todo tu potencial.

Pretendo ayudarte a encausar tu camino a través de un esquema simplificado. Conceptos concretos que facilitan tu entendimiento sobre detalles para aprovechar nuevas oportunidades. Recuerda bien dónde te ubicas conforme a lo que consideraste inicialmente en tu ranking. Los resultados que vas a obtener, te van a sorprender.

Oportunidades abundan. Capacidad existe. Pero, lo que necesito que entiendas, es que el primer paso para lograr resultados es conocerte. Y lo que ello implica. Tus hábitos, tu talento, incluso tu salud, los llevas invariablemente a cualquier ámbito. Necesitas tener una perspectiva integral de ti mismo. Eres un rompecabezas. Si alguna de las partes de ese rompecabezas no está funcionando de la mejor manera, todo el sistema se afecta.

Mi punto de partida son tus hábitos. Si, aquellos que modificas por tu fuerza de voluntad. Pero, ¿eso qué tiene que ver con las oportunidades de negocio? Bueno, es muy sencillo. Analizando tus hábitos te das cuenta qué tan eficiente eres. Qué tanto aprovechas tu energía. Qué tan productivo eres. Comienzas a tener visibilidad sobre lo que actualmente produces y lo que puedes llegar a generar. Tu potencial. Esa visión es fundamental para entender de mejor manera las oportunidades de negocio.

Recuerda por un momento tu rutina diaria, al principio del día. Te levantas, terminas de despertar. Te tomas tu café, si no sientes que no arrancas. Si tienes mascota pues habrá que sacarla a dar la vuelta, porque a ti te tocó ese día. Te bañas. Te tomas tu tiempo para escoger tu vestimenta.

Piensa en lo siguiente. Sólo usas el 20% de tu guardarropa en el 80% de ocasiones que tienes que elegir para vestirte. Sí, así como lo lees. Te lo apuesto. Lo mismo aplica para tu desayuno. Igual que para la ruta hacia tu trabajo. Es el mismo patrón el que se aplica continuamente. Cada día es una prueba de este sencillo pero irrefutable principio. El 80/20.

Es un principio arcaico si se le quiere ver así, pero captura sin lugar a dudas el desnivel que existe entre la causa y el efecto. El 80% de los resultados vienen de un 20% de esfuerzo. El 80% de las consecuencias se producen por un 20% de causas. Es una regla que extrañamente refleja el des-balance entre esfuerzo y recompensa.

Este principio surge desde tiempos ancestrales. Y aplica casualmente como anillo al dedo en nuestra esencia latinoamericana. Los latinos siempre nos hemos caracterizado por aparentar que hacemos mucho con pobres resultados. Si eres latino sabes que es cierto. No sirve de nada negarlo.

En resumidas cuentas, el juego es hacerse pendejo para que se vea como que si hago las cosas. Pero la realidad es que hago lo mínimo y aún con ese mínimo, ahí la voy llevando. El principio del 80/20.

El origen formal del principio 80/20 se remonta a finales del siglo XIX, en Suiza. El profesor Vilfredo Pareto, con cátedra en la Facultad de Economía de la Universidad de Lausana, es el descubridor del principio. Pareto empezó a investigar los patrones de la gente rica versus la gente pobre alrededor del mundo, encontrando invariablemente una inequidad evidente en la distribución de la riqueza.

Ha sido probado durante décadas que el 80% de los resultados se generan con el 20% de energía. En términos numéricos, esto significa que en el tiempo de mayor productividad obtenemos 16 veces mejores resultados que en la mayor parte de nuestro tiempo digamos "normal".

Voy a poner un ejemplo para entender mejor en números: Imagina que eres un vendedor y solamente tienes 10 clientes. A ti como a cualquier representante de ventas, te pagan una comisión por cada venta cerrada que logres en un periodo determinado.

Cada cliente requiere del mismo esfuerzo que apliques. Tú atiendes a los clientes. Logras obtener la orden de compra. Se ejecuta el proceso de entrega y reportas tu resultado. Sólo dos de tus clientes son grandes, los cuales representan para ti una venta diaria en promedio de $400. Los otros ocho clientes son pequeños, que representan cada uno una venta

promedio de $25. Si sumas a tus dos grandes clientes, suma $800. Los pequeños suman en total $200. En total sumas una venta de $1,000 diaria. Estos números cumplen exactamente con el principio 80/20.

Los clientes grandes te dan el 80% de tu comisión, pero sólo aplicas el 20% de tu energía en ellos. Así que tú retorno de inversión son 80 unidades de recompensa por 20 unidades de esfuerzo. El "Factor de Retorno" es de 80 dividido entre 20, o sea 4.00. Los clientes pequeños te dan el 20% de tu comisión y consumen el 80% de tu energía. Realizando la misma operación, el "Factor de Retorno" en este caso es la división de 20 unidades de recompensa entre 80 unidades de esfuerzo. El resultado es 0.25.

La matemática es simple, pero el mensaje es demoledor. El "Factor de Retorno" de los clientes grandes es 16 veces mayor que el factor de los clientes pequeños. Dicho en otras palabras, los clientes grandes son 16 veces mejores para ti que los clientes pequeños. Pero este no es el punto principal. En lo que tenemos que hacer énfasis es que en el 20% de tu mejor energía, se producen resultados infinitamente mejores que en el 80% de tu tiempo restante.

Del ejercicio anterior, puedes concluir lo siguiente: si aprendes a identificar el mejor uso de tu energía, es mucho más importante que trabajar con mayor esfuerzo o más tiempo. Identifica lo que te funciona mejor y replícalo, hazlo en mayor escala. La mayoría del tiempo nos estamos haciendo pendejos. Deja de hacer lo que te lleva a algo poco productivo o nada productivo. Concéntrate en lo que mejor sabes hacer. Obtendrás resultados que te van a impresionar.

Seguramente, los porcentajes en cuanto a la regla pueden variar. Incluso puedes lograr un efecto mayor a 16 veces mejor. El punto aquí es dejar de hacernos pendejos.

Si lo llevas a la práctica, podrías hacer cosas 5, 10, 15, 20 o hasta 100 veces mejor comparando con la mayor parte de tu esfuerzo diario. La realidad es que los números son fríos, y la gente es escéptica por naturaleza. A primera vista para muchos parecieran estas mejoras como un espejismo. Fuera de la realidad. Están muy acostumbrados a esta cultura de hacernos pendejos.

Ahora, quien se decide a cambiar y mejorar, suele cometer el error de caer en la trampa de incrementar el esfuerzo o el tiempo haciendo exactamente lo mismo. Evidentemente, no habrá resultados significativos.

El secreto está en ver las cosas de una manera diferente. La clave es qué tan innovador puedes ser. Y me refiero a innovador, al hacer cosas nuevas, o hacer las cosas que hacías normalmente pero de una manera diferente. Si eres capaz de encontrar el modo de innovar, lograrás seguramente resultados impresionantes.

Entonces en lugar de aplicar más esfuerzo en alguna situación o problema que enfrentes, considera cuál esfuerzo es el que debes "descontinuar".

El principio de "dejemos de hacernos pendejos" es precisamente eso, dejar de hacer más de lo mismo. La clave es generar un espacio en blanco para todo aquello que no justifica tu inversión en tiempo y esfuerzo que al final genera pobres resultados.

Piénsalo, imagina aprovechar ese espacio en blanco para invertirlo en cuestiones que te generen verdaderos resultados. En resumen, "dejemos de hacernos pendejos". O por lo menos, dejar de hacernos cada vez "menos pendejos".

Para aspirar a una diferencia en cómo hacer las cosas, necesitas modificar tus hábitos. Para ello necesitas fuerza de voluntad. A continuación, te presento 5 mejores prácticas:

- Enfócate en lo que realmente te producirá resultados.
- Cuestiona tu rutina. Cambia tus costumbres improductivas. Deja de ser esclavo de tus hábitos. Cámbialos.
- Hazlo a tu manera. No hay una fórmula mágica. Ve a tu propio ritmo, pero sé constante y ten disciplina. No seas conformista. Un paso a la vez.
- Recicla las mejores ideas. No trates de inventar la rueda. Existen muchas ideas que pueden adaptarse a tu necesidad, sólo es cuestión de encontrarlas. Usa las herramientas a tu alcance.
- Recluta a los mejores aliados. Tú no estás solo/a. El camino se facilita si ubicas la ayuda adecuada.

Para facilitar la tarea, recuerda estas tres preguntas:
¿Qué es lo que me trae más beneficio?
¿Qué me funciona mejor?
¿Qué es lo que me da más gozo, energía y sentimiento de satisfacción?

El mensaje que pretendo que te quedes es práctico y contundente.

El primer aspecto que debes enfocar es conocerte mejor y aceptar tus fortalezas. Olvídate de si te gustan o no. Aprovecha tu talento y explótalo. Considera como inicio de cualquier intención de mejora, primero a tu salud. No basta con "no sentirse mal". Aspira a sentirte realmente bien.

Analiza las actividades con las que obtienes mejores resultados y multiplícalas. Derriba tus paradigmas e incrementa tu eficiencia, empezando por eliminar la negatividad en tus ideas.
Recuerda. La clave es tu fuerza de voluntad. Tú la tienes. Échala a andar.

Alternativa a Procrastinar

"El éxito es lograr lo que se desea, la felicidad es disfrutar lo que se logra. Y para lograrlo, debemos vencer la tentación de la procrastinación y actuar con determinación."- Albert Einstein.

En el texto anterior, expliqué el principio del 80-20, y su aplicación en el ámbito laboral para aumentar la productividad.

En resumen, el principio establece que el 80% de los resultados se derivan del 20% de las causas o esfuerzos. Los profesionales pueden aplicar este principio al identificar cuáles son las actividades que generan el mayor impacto en su desempeño laboral y enfocarse en ellas en lugar de dispersar su tiempo y energía en tareas menos importantes.

Hago énfasis en que el secreto está en ver las cosas de una manera diferente. La clave es qué tan innovador puedes ser. Y me refiero a innovador, al hacer cosas nuevas, o hacer las cosas que hacías normalmente pero de una manera diferente.

Si eres capaz de encontrar el modo de innovar, lograrás seguramente resultados impresionantes. Entonces en lugar de aplicar más esfuerzo en alguna situación o problema que enfrentes, considera cuál esfuerzo es el que debes "descontinuar".

Lo que no mencioné en su momento, es el detener el exceso de pensamiento, o dicho en otras palabras, la parálisis por análisis.

¿Te has sentido alguna vez abrumado por una tarea? ¿Te has encontrado a ti mismo pensando demasiado en lo que deberías hacer, sin empezar nunca realmente? Todos lo hemos sentido invariablemente en algún momento.

Cuando hay tanto que hacer que simplemente no sabemos por dónde empezar. Ya sea que estemos tratando de escribir un libro, comenzar un negocio o hacer ejercicio, puede ser abrumador cuando la lista de tareas pendientes parece interminable.

Lo que nos impide comenzar generalmente es el miedo. El miedo al fracaso, el miedo a la crítica, el miedo al esfuerzo y al dolor. Pero aquí está la verdad: comenzar es la forma más efectiva de vencer esos miedos.

Cuando comenzamos, tomamos el control de nuestra situación. Nos movemos de la inacción a la acción. Y la acción es la clave para superar la procrastinación, detener el exceso de pensamiento y aumentar la productividad.

Pero, ¿cuál es el concepto clave? La inercia. Si superamos la inercia, ganamos impulso. Como una bola de nieve rodando cuesta abajo. Cada vez más grande y veloz.

A menudo, nos detenemos antes de comenzar porque asumimos que algo será más difícil o más desagradable de lo que realmente es. Pero cuando comenzamos, a menudo descubrimos que no es tan malo como pensábamos. O que somos más capaces de lo que creíamos.

Al desafiar nuestras suposiciones, podemos expandir nuestros límites y alcanzar nuestro verdadero potencial.

Ahora, cuando nos decidimos y empezamos a actuar, ¿qué sigue?

Clarifica tus metas

Establece metas claras: A menudo, procrastinamos porque no sabemos exactamente qué es lo que queremos lograr. Si tienes una meta clara, será más fácil enfocarte y tomar medidas concretas para alcanzarla.

Ordena tu ambiente

Cuando clarificas la meta, el siguiente paso es mejorar en la medida de lo posible tu entorno para incrementar tu enfoque. Es necesario que generes un ambiente productivo. Un ambiente caótico puede ser una distracción importante. Trata de crear un espacio de trabajo ordenado y tranquilo. Esto te ayudará a enfocarte en la tarea en cuestión.

Sin distracciones

De igual manera, es imperativo eliminar las distracciones. Éstas son una gran fuente de procrastinación. Si eres propenso a distraerte con las redes sociales o el correo electrónico, considera la posibilidad de desconectarlos mientras trabajas. De esta manera, podrás enfocarte en la tarea en cuestión.

Existen dos aspectos fundamentales que sin duda son parte esencial del proceso. Difíciles de llevar a la práctica. El primero es aprender a decir "no". A veces, nos cargamos con más tareas de las que podemos manejar. Si te sientes abrumado, aprende a decir "no" a algunas tareas. De esta manera, podrás enfocarte en las tareas más importantes y aumentar tu eficacia. Deja de ser el héroe de la película.

El segundo es no preocuparse por la perfección. A menudo, procrastinamos porque queremos que todo sea perfecto antes de empezar. Pero la perfección es una meta imposible. En lugar de tratar de ser perfecto, enfócate en hacer progresos concretos hacia tus metas.

Organízate

Si ya lograste empezar con una meta clara, en un ambiente adecuado, con progresos concretos, es hora de organizarse. ¿Te has encontrado a ti mismo trabajando en tareas urgentes pero no importantes, mientras que las tareas importantes pero no urgentes se acumulan? Si es así, te recomiendo una herramienta sencilla pero efectiva que te ayuda a priorizar las tareas en función de su importancia y urgencia: La Matriz de Eisenhower.

Matriz de Eisenhower

Es una herramienta para la toma de decisiones que ayuda a priorizar. La matriz se divide en cuatro cuadrantes, cada uno de los cuales representa un tipo diferente de tarea.

- Cuadrante 1: Urgente e importante. Estas son las tareas que deben hacerse inmediatamente. Pueden ser cosas como una fecha límite cercano o una emergencia inesperada.

- Cuadrante 2: Importante pero no urgente. Estas son las tareas que son importantes pero que no tienen una fecha límite cercana. Pueden ser cosas como proyectos a largo plazo, planificación estratégica o ejercicio.

- Cuadrante 3: Urgente pero no importante. Estas son las tareas que son urgentes pero no son realmente importantes. Pueden ser cosas como reuniones innecesarias, llamadas telefónicas o correos electrónicos.

- Cuadrante 4: No urgente ni importante. Estas son las tareas que no son urgentes ni importantes. Pueden ser cosas como navegar por las redes sociales, ver la televisión o procrastinar.

Una vez que hayas identificado las tareas en cada cuadrante, puedes priorizarlas en función de su importancia y urgencia. La idea es centrarse primero en las tareas del cuadrante 1, luego en las del cuadrante 2, luego en las del cuadrante 3 y, por último, en las del cuadrante 4.

DEJEMOS DE HACERNOS P3ND3J0S!	Urgente	No urgente
Importante	Trabajar en el informe que se debe entregar hoy.	Planificar y establecer objetivos para el próximo trimestre.
No importante	Atender llamadas telefónicas irrelevantes.	Perder el tiempo en redes sociales.

En la celda superior izquierda, se encuentra una tarea urgente e importante que requiere atención inmediata, mientras que en la celda inferior izquierda, se encuentra una tarea que no es importante, pero que puede ser urgente, como atender llamadas telefónicas irrelevantes.

En la celda superior derecha, se encuentra una tarea importante, pero que no es urgente, como planificar y establecer objetivos a largo plazo, y finalmente en la celda inferior derecha, se encuentra una tarea que no es importante ni urgente, como perder el tiempo en redes sociales.

La Matriz de Eisenhower es una herramienta útil para la toma de decisiones que puede ayudarte a priorizar tus tareas en función de su importancia y urgencia.

Al utilizar la matriz, puedes centrarte en las tareas importantes y evitar distraerte con tareas urgentes pero no importantes.

Técnica "Pomodoro"

Toda vez que ya tienes definidas y organizadas las tareas, sigue la ejecución. Aquí es determinante el factor tiempo. Para ello, te comparto la técnica "Pomodoro", que es un método para administrar tu tiempo y mejorar tu productividad. La técnica se llama así por el temporizador de cocina con forma de tomate que el fundador, Francesco Cirillo, utilizó cuando inventó la técnica en la década de 1980.

Y ¿cómo funciona? Muy simple. Configura un temporizador de 25 minutos y trabaja en la tarea que decidiste ejecutar hasta que suene el temporizador.

Toma una pausa corta de 5 minutos. Repite los pasos 2 y 3 tres veces más.

Después de cuatro sesiones de trabajo de 25 minutos, toma una pausa larga de 15 a 30 minutos.

La idea detrás de la técnica Pomodoro es que al trabajar en bloques de tiempo de 25 minutos, te enfocarás mejor y serás más productivo. Al tomar una breve pausa después de cada sesión de trabajo, te ayudará a mantener tu energía y a evitar la fatiga mental.

Por ejemplo, supongamos que deseas escribir un informe que te tomará varias horas. Puedes utilizar la técnica Pomodoro para dividir la tarea en bloques manejables de 25 minutos. En este caso, estableces la tarea de escribir el informe como tu objetivo y te comprometes a trabajar en ella durante el primer pomodoro de 25 minutos.

Después de los 25 minutos, tomarás una pausa corta de 5 minutos y luego comenzarás el siguiente pomodoro. Continuarás trabajando en pomodoros de 25 minutos hasta que completes el informe.

Es fundamental que seas estricto con los periodos de tiempo que definas. Tanto de ejecución como descanso. Si sientes que 25 minutos es demasiado corto o demasiado largo para tu tarea, ajusta el temporizador a un intervalo que funcione mejor para ti.

La técnica Pomodoro es una herramienta efectiva para aumentar la productividad y la concentración. Al trabajar en bloques de tiempo uniformes y tomar pausas cortas regulares, puedes mantenerte enfocado y motivado mientras completas tus tareas.

A final de cuentas, la gestión del tiempo es una habilidad crítica en el mundo laboral actual, para ayudarte a maximizar tu tiempo y aumentar tu eficiencia.

Recuerda, asegúrate de establecer metas realistas para ti mismo. Esto te ayudará a mantener una sensación de logro y motivación mientras trabajas.

No desestimes delegar tareas cuando te sea posible. Si tienes un equipo, aprende a delegar tareas efectivamente. Esto te permitirá centrarte en las tareas que requieren tu atención más directa.

Con esta serie de estrategias simples pero efectivas, puedes superar los obstáculos y aumentar tu eficacia en el trabajo.

Identifica las tareas de mayor impacto, establece metas claras, crea un ambiente productivo, organiza tus prioridades, empieza con pequeños pasos, elimina las distracciones, aprende a decir "no", no te preocupes por la perfección, crea un horario en donde ejecutes y descanses, respétalo.

Encuentra tu fórmula. Lo que mejor te acomode. La clave es hacerlo un hábito. Recuerda, hábitos, hábitos, hábitos. Repetición. Tu fuerza de voluntad es la clave.

Segunda Parte

Segunda Parte
¿Quién debes ser? + ¿Quién eres?
Asume tu rol y acéptate tal como eres.

Ser un emprendedor no se trata solo de tener una idea brillante, sino de ser un maestro en el arte de la multitarea, un virtuoso que sabe cómo ponerse diferentes sombreros según la ocasión lo requiera. Desde la gestión eficiente de recursos hasta la creación de una marca irresistible, exploraremos cómo estos roles se entrelazan y se complementan para construir un camino hacia el éxito.

Es fundamental realizar una autoevaluación honesta. ¿Quién eres tú? Te invito a descubrir tus oportunidades, reconocer tus áreas de desarrollo y trazar el camino que te llevará a alcanzar tus metas con claridad y determinación.

En resumen:
Deja de hacerte pendejo/a y asume los roles fundamentales que necesitas desarrollar.
Ya deja de pretender ser lo que no eres. Aterriza e identifica quién realmente eres.

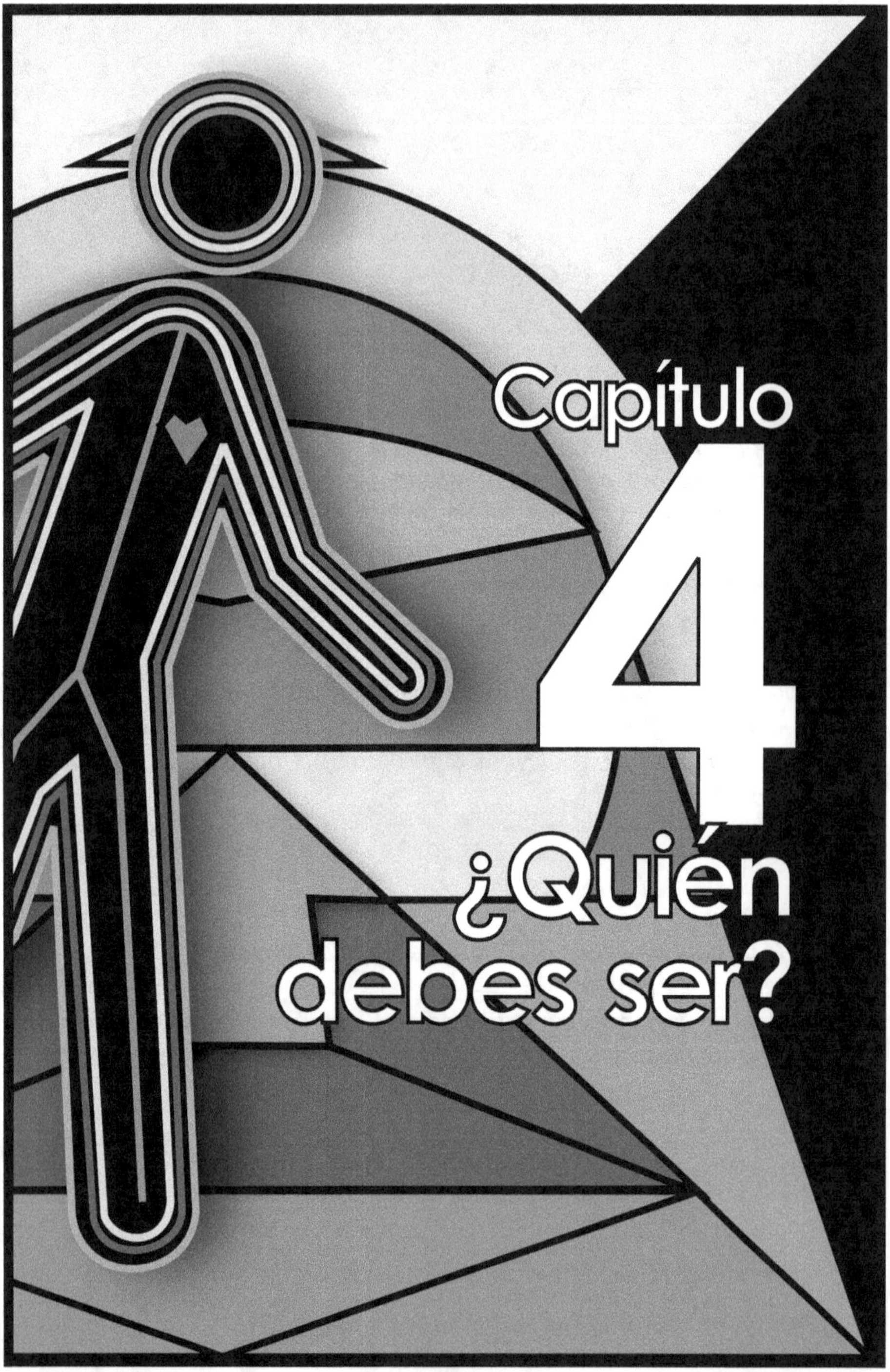

Capítulo

4

¿Quién debes ser?

Capítulo 4. ¿Quién debes ser?

Debes ser un vendedor
Todo el tiempo.
Todos los días creamos historias que le dan sentido a nuestra vida. Si cambias las historias en las que crees, puedes generar un cambio en la dirección de tu vida.

Tómate unos minutos para hacer un repaso de tu carrera profesional. Reflexiona sobre todos los roles que has desarrollado. Ello sin duda enriquece tu entendimiento sobre los componentes y el funcionamiento de cualquier organización. Si eres parte de la estadística, como la gran mayoría de las personas en edad laboral, no te has desempeñado en una función en donde exploten al máximo tus capacidades. Donde te sientas a gusto. Que sea lo tuyo. Tal vez iniciaste con el primer trabajo que te dio la oportunidad. Lo agarraste. No había opción. O tal vez las prestaciones eran muy buenas como para dejarlas pasar. Buen dinero. Lo tomaste. Muy válido.

Es altamente probable que alguno de esos roles se relacione con las ventas. El tema de las comisiones por venta puede ser muy tentador. Y en términos monetarios, es más accesible para una empresa el formar vendedores a partir de una especialización técnica. Existen una infinidad de ejemplos. Te comparto un caso.

Se abría una posición de ventas en una empresa con un extraordinario prestigio a nivel global. El candidato estaba compitiendo por el puesto, aunque no tenía ni por mucho las credenciales técnicas para aspirar al cargo. Pero sí contaba con la experiencia suficiente y una imagen acorde. A final de cuentas, después de un largo y tortuoso proceso de reclutamiento, se logró quedar con la posición. Un movimiento muy arriesgado para su carrera.

Era un mundo totalmente diferente a lo que había experimentado hasta ese momento. El encargo exigía un nivel técnico que estaba consciente, no iba a adquirir por más que se dedicara a estudiar exhaustivamente, si se

comparaba con el nivel de conocimiento y sobre todo práctica de los colegas que desempeñaban la misma posición en otros territorios. Pero su experiencia en anteriores trabajos le había permitido convivir con vendedores de diversos niveles y ámbitos.

Esto le permitió hacer un juicio para definir qué era lo que tenía que hacer para sobrevivir y evolucionar en su nuevo reto.

Al reflexionar sobre la labor de ventas, cayó en cuenta que durante todo su historial, de alguna forma u otra había tenido que vender siempre. Empezando por esa nueva y flamante posición de ventas. Forzosamente a alguien tuvo que convencer. No fue gratis. Se la vendió a alguien. Y ese alguien la compró completa.

Pero, ¿por qué le generaba conflicto? Porque siempre había tenido la idea de que por su imagen formal y hasta cierto punto rígido e introvertido, no podía dedicarse de lleno a las ventas. Las ventas sólo eran para los extrovertidos. Para los dicharacheros. A los que les encanta la fiesta. A los que socializan con facilidad. Una falsa creencia que se incrustó en su cabeza sin saber cuándo ni cómo.

Dentro de ese grupo de vendedores que había conocido a lo largo de su carrera, había uno en especial que lo había impactado. Era uno de esos personajes que te vendían terrenos en la Luna. Pero esa genética y carisma que tenía ese ilustre vendedor, no se compran en la farmacia de la esquina. ¿Cuál era la respuesta? ¿Tratar de imitarlo? Para nada. Se le venían a la mente ejemplos de personas que eran malas copias de verdaderos vendedores top, y le parecían hasta ridículos en su forma de conducirse.
Se tenía que adaptar. Pero, ¿cómo podría adecuar sus aptitudes hacia un ámbito 100% comercial?

Empezó a analizar que todos sus logros se relacionaban con alguna venta. De un proyecto. De un beneficio. De una posición. De él mismo. ¿Y cómo lo había logrado? Explotando sus habilidades para generar la confianza necesaria. Aprendiendo a escuchar. Poniéndose en los zapatos del cliente. Trabajando. Ayudando en aspectos que él dominaba y que le podían aportar valor. Y sobre todo, cumpliendo los compromisos a muerte.

Conforme fue pasando el tiempo, evolucionó su estilo y amplió su conocimiento técnico. Él sabía que una de sus grandes fortalezas eran las presentaciones. De hecho, entre más grande el escenario, mejor era la sensación que le causaba. Sabía que esa era una ventaja entre sus colegas. Empezó así a explotar esa habilidad.

Llegó el día clave. Sesión crítica con uno de los clientes más importantes del país. Una cuenta a la que no se le había vendido en los últimos tres años. Una oportunidad que significaba millones. Significaba cuota. Y sobre todo, significaba credibilidad ante el jefe.

Con un auditorio en contra. Con detractores por todos lados. En el cliente. En los miembros del propio equipo. Un ambiente más que complicado para alguien que tenía que explicar una solución compleja con la ayuda sólo de su PowerPoint.

La presentación fue impecable. Fue el parteaguas para el inicio de un ciclo de ventas memorables. Ese día, el vendedor logró romper muchos mitos. Paradigmas que influían negativamente en su desarrollo profesional. Les demostró a los demás, y sobre todo a sí mismo, que era capaz de dominar el escenario en los niveles ejecutivos más complejos con temas altamente técnicos, ante los ojos incrédulos de algunos de los espectadores.

La labor de ventas es permanente, ardua, controvertida, llena de altibajos, pero muy gratificante cuando se logra el objetivo. Lograr que las cosas se hagan es simple. Y es invariablemente una cuestión de ventas, ventas, ventas.

Toda persona que mires a tu alrededor es tu cliente, desde los miembros de tu propio equipo, clientes, proveedores, jefes, etc.

Algunos, como aquel vendedor con el colmillo retorcido, traen la venta en su ADN, otros la aprenden en el camino. Y otros muchos nunca la logran entender pero no dejan de intentarlo, porque pertenecer al equipo de ventas te da status, exclusividad, poder. Alimenta tu ego. Rige en la empresa.

Liderar cualquier iniciativa, proyecto, emprendimiento, área, oportunidad, significa vender, hacia arriba y hacia abajo, todo el tiempo.

Por ello te comparto una serie de principios que aprendí durante años en los que fui parte de equipos de ventas de alto desempeño. Si yo lo pude hacer, tú también puedes. Seguramente más de un principio ya lo pones en práctica. No importa de qué tamaño sea la empresa donde labores.

1. Enamórate de tu producto. No sólo lo conozcas superficialmente, no te hagas pendejo. No pases con trampa los cursitos obligatorios que te pone tu empresa. Ve más allá, encuentra la manera de adquirir un conocimiento profundo sobre ello, despierta ese apetito de conocimiento.

2. Conoce a detalle a tu empresa. Recuerda que vendes la marca, muchas veces antes que el producto mismo. Aquí es donde se vuelve fundamental una red interna que colabore contigo. Y no se trata de que los demás resuelvan los problemas que tú mismo generaste, no te sigas haciendo pendejo. Se trata de comprender los recovecos, los pasajes secretos que te llevan a soluciones impensadas, a las personas claves que te van a ayudar en el proceso de venta.

3. Conoce a tu Cliente. No te límites a lo que encuentres en la red. No te hagas pendejo, no porque te presentan a fulanito en una comida de esas muy amenas, ya puedes afirmar que conoces a tu cliente. Investiga realmente su Cultura Corporativa, fórmate un perfil en donde identifiques el nivel de empatía con tu cliente. ¿Qué es lo que tu cliente ve? ¿Qué es lo que escucha? ¿Qué es lo que percibe en su entorno? ¿Con qué códigos se mueven al interior de su empresa?

4. Conoce a tu Competencia y respétala. Estúdialos, ubícalos personalmente, investiga, pero nunca, jamás, hables mal de ellos. Esto tómalo como una regla dorada. Deja de hacerte pendejo, tanto tú como tu empresa siempre cuentan en su historia con algún tropiezo que puede y es utilizado por tu competencia. No hagas lo mismo. Además, uno nunca sabe en dónde puede caer luego. Existen ámbitos laborales muy cerrados en donde los profesionales sólo van rotando en las posiciones disponibles. Algún día podrías estar laborando en la acera de enfrente.

5. Nunca prometas más de lo que puedes cumplir. Deja de hacerte pendejo, ya sabes que esa condición que ronda tu cabeza para cerrar la venta no va a ser posible ejecutarla por tu equipo de logística, pero la vocecita en tu cabeza te dice que lo afirmes para cerrar ya. ¡Olvídalo! Tu futuro depende de qué tan confiable seas. No lo tires por la borda con una promesa que no tienes la seguridad de cumplir. En alguna apuesta te puede salir la jugada, pero tarde o temprano te va a pasar factura.

6. Vende la Solución. Modifica tu perspectiva. Deja de hacerte pendejo, la venta de dispositivos de cualquier índole está muerta. Vende la solución a problemas específicos con la creación de oportunidades identificables.

7. No eres el Héroe de la Película. Deja de hacerte pendejo y pide ayuda, no lo sabes todo. Utiliza todos los elementos disponibles a tu alcance, todo lo que te provea la organización es bienvenido. Deja de lado tu ego, tienes que aliarte con la gente que puede resolver incluso hasta el problema más sencillo.

8. Reconoce a tu equipo. Deja de hacerte pendejo, sabes que sin la ayuda de los integrantes de tu equipo, la venta no hubiera sido posible. Reconócelos abiertamente, hazles sentir que son valorados y que necesitan todos seguir esforzándose para continuar con los éxitos. Y sobre todo, comparte los beneficios. Siempre hay una manera de hacerlo.

9. Haz de cada problema un problema tuyo. Deja de hacerte pendejo, no hay nada que le caiga peor a un cliente que alguien que no se responsabiliza de los errores que genere su empresa. Aunque no sea tu área, aunque ese error no forme parte del ciclo de venta, tú eres la cara, tú eres la cabeza visible, tú eres el único pendejo. Así como se oye. Asúmelo y lidera la solución del problema sin echar tierra sobre los demás.

10. Consistencia, es el nombre del juego. Deja de hacerte pendejo, celebra los esfuerzos valientes, donde sabes que no te guardaste nada y diste todo por ganar, con la conciencia tranquila. El nombre del juego es ser consistente, sigue ahí, insiste, no importa si tu marca no es la predilecta por el cliente, tarde o temprano se abre una posibilidad para entrar, por muy pequeño que sea el espacio, ¡aprovéchalo!

11. No te guardes información. No te hagas pendejo, no limites el contacto de tu cliente sólo a ti para querer tener el control de la situación, es una estupidez. Tu cliente siempre va a agradecer el aporte que le pueda ofrecer un equipo de personas dispuestas a colaborar con el ámbito de su competencia. Comparte con tu grupo de colaboradores, que el cliente se sienta "en casa" en tu organización.

12. Si hay Límites. No te hagas pendejo, no siempre vas a participar en negocios que no sean convenientes para la organización. Hay que tomar en cuenta que no todos son buenos clientes. Si existe un riesgo en cuanto a la reputación, o antecedentes tormentosos, aléjate.
Tampoco se trata de ser más papistas que el Papa, pero si hay límites. El pasar por encima de quién sea y ante lo que sea por el resultado, siempre, siempre, pasa factura.

13. No Regales tu Producto. No te hagas pendejo, nunca pierdas tu rentabilidad. El regalar un producto no es vender, deja de hacerte pendejo, eso no es una venta, es un regalo. Y si no te miden por la rentabilidad, cámbiate de trabajo. Esa empresa no vale la pena y pronto va a desaparecer del mapa.

14. Tu misión. Hacer a tu cliente un héroe. Deja de hacerte pendejo, estás en el negocio de hacer héroe a tu comprador. Recuerda, las empresas no compran cosas a otras empresas, los individuos son los que compran el éxito a otros individuos.

15. Haz tu mensaje lo más simple posible. Deja de hacerte pendejo y ya no utilices la presentación que le volaste al colega que vendió el mejor proyecto el año pasado. Deja de reciclar información que no aporta valor. Desarrolla tu propio mensaje, simple, contundente, con significado y sobre todo, con tu sello propio.

Aprovecha tus fortalezas. No porque toda tu vida hayas pensado que por ser introvertido el mundo se iba a cerrar ante tus ojos, eres incapaz de lograr lo que te propongas.
Ciertamente, como ya lo mencionamos, hay gente que nace para vender. Esos garbanzos de a libra que aparentemente no se esfuerzan por grandes

éxitos conseguidos, y hasta arena en el desierto te venden. Aprende lo bueno si te llegas a topar con uno. Estúdialos a fondo. Tampoco los glorifiques. Como todos, tienen grandes defectos también.
Identifica y trabaja en tus áreas de oportunidad. Amplifica tus fortalezas. Y recuerda, la base de absolutamente todo es dejar de hacerse pendejo. Ten disciplina. Constancia. Fuerza de voluntad.

Debes ser un Administrador
Define tu estilo, lidera, inspira.
Aprovecha tu experiencia y conocimiento para ser el eje de un cambio.

Las probabilidades de que tengas que competir en una compañía con un entorno globalizado son cada vez mayores. En ese escenario, las variables que integran los proyectos, generan un ambiente invariablemente multi-cultural que demanda una visión horizontal para la creación de valor en el ciclo de vida de los servicios.

En otras palabras, el riesgo o grado de hacerse pendejos es directamente proporcional a la complejidad del territorio a controlar. O de la cantidad de países con los que uno tiene que convivir.

Es indispensable que como parte de un negocio, tengas la mente abierta para saber adaptarte a esa constante mutación de los mercados, los productos, los clientes. Al moverse en una escala regional, y a una gran velocidad, los equipos que integramos o heredamos en los proyectos son multi-culturales, cada tribu tiene un contexto diferente sobre su educación, costumbres, comportamiento, desempeño, fortalezas, debilidades, respuestas. O sea, cada quien tiene su estilo particular para hacerse pendejo incluso dentro de un mismo país.

En este punto es en donde una organización sólida y robusta, con base en una experiencia y prestigio vertidos en fundamentos estructurales y valores universales, consolida la integración de esta gran variedad de formas de pensar a través de Administradores que comuniquen, que ejecuten, que resuelvan.

Pues sí. Eres un administrador. Y si estás adentro del juego, debes contemplar el compromiso social que esto conlleva. Sólo si se impulsa a la ética como uno de los pilares fundamentales, se incrementará el ambiente de confianza, responsabilidad y respeto que deriva en un resultado exitoso con una amplia perspectiva a largo plazo. La clave de impulsar, compartir e implementar el compromiso es cuando se defienden los valores que nos dignifican como personas, con congruencia en nuestro discurso y nuestras acciones.

Todos necesitamos sentirnos dueños de la organización, un sentido de pertenencia que es indispensable. Eso mitiga el factor de hacerse pendejo y lo reduce substancialmente.

Por lo anterior, es importante saber cómo la empresa define su estilo a través de sus principios, sus valores, sus objetivos, sus expectativas. ¿Podrías definir el estilo de tu empresa?

El estilo constituye el mayor capital de la empresa. Hay que defenderlo y divulgarlo por cada rincón. Pero, ¿cómo lo encontramos? El estilo inicia, como lo hemos comentado, en las definiciones estructurales, es decir, desde el origen mismo. Pero debe permear hacia nosotros desde nuestra dirección, porque a final de cuentas las personas imponen el estilo. Lo difunden. Lo adoptan. Incluso lo adaptan y lo hacen evolucionar.
 La clave es identificar la esencia de ese estilo, para adecuarlo a nuestro ambiente, a nuestra región, a nuestro cliente como empresa, hasta llegar a nuestro cliente como persona.

En los negocios, tiene una importancia fundamental el estilo, ya que es parte de la diferenciación que constituye la gran ventaja competitiva de nuestra época. Un estilo adoptado y bien identificado se vincula íntimamente con el orgullo de pertenencia, elementos que constituyen una cultura organizacional en la que los valores que la identifican definen su estilo.

 Nuestro estilo lo podemos visualizar desde la definición de nuestra misión como organización, en la que podemos identificar elementos sustantivos que nos proporcionan una claridad en la forma de definir el estilo. Si, seguramente te parece pan con lo mismo, conceptos arcaicos, que los has escuchado por los siglos de los siglos, pero continúan siendo el punto de partida. Dejemos de hacernos pendejos, si no lo tenemos claro, estamos perdidos.

En tu misión se pondera el liderazgo, en donde los esfuerzos deben dirigirse hacia un bienestar común, en el que se contempla a tu gente como un elemento fundamental que contribuye de manera activa en la consecución de resultados positivos.

Para poder aspirar a tener resultados positivos en el corto plazo, debes estar convencido de los objetivos y beneficios que se identifican como detonadores de sus actividades, así como la plena identificación de la cadena de valor que integran y su lugar en ella.

En tu posición como Administrador, eres el vínculo entre las personas que integran dicha cadena de valor, que incluyen a niveles operativos y ejecutivos de todas las entidades involucradas. En todos los niveles debes transmitir claridad sobre las expectativas de los proyectos, creando vínculos de colaboración efectivos entre todos los participantes, que es una labor que va más allá de una simple comunicación por correo.

El grupo al cual perteneces es necesariamente multi-disciplinario y en muchas ocasiones multi-cultural, con una elevada tendencia a ejecutar verticalmente. Se convierte en tu gran reto el alinear esa diversidad para enfocarla en una sola dirección, contemplando que formas parte de un ecosistema en el que hay grupos locales, nacionales, regionales y globales. Toda vez que tu grupo local está alineado, (con el que convivimos y nos comunicamos todos los días), puedes aspirar a una alineación entre los demás equipos que integran a todo el negocio, para luego establecer una línea estratégica a nivel regional.

No se trata de pretender que todos hagan exactamente lo mismo, sino de establecer una misma esencia. Ir de un mismo punto de partida hacia un mismo destino, en donde el camino necesariamente será diferente.

La ruta algunas ocasiones será más complicada, otra veces no tanto, pero

la llegada es en el mismo sitio es lo que vale el esfuerzo invertido. Esta alineación estructurada es una cadena que debes construir a partir de tu convencimiento y convicción sobre lo que se debe hacer.

Los Administradores son el elemento vinculante, siempre pensando que forman parte de una maquinaria que debe generar valor a través de estructuras horizontales que no deben ser debilitadas por silos en una organización matricial compleja.

Los Administradores constituyen la punta de lanza de los equipos de trabajo, sobre los cuales deben asumir un liderazgo pro-positivo, efectivo y congruente a los valores de la organización.

No podemos olvidar que un equipo de trabajo es un estado de ánimo, en donde los resultados se explican por la diferencia del grado de compromiso. Y ese compromiso de parte de los involucrados es lo que debemos obtener con el ejemplo de nuestro desempeño, con la congruencia entre nuestros valores y nuestras acciones, y por supuesto, con la administración de un sentido de justicia que reconozca los buenos resultados con base en los méritos.

El liderazgo se compone de dos elementos fundamentales: el primero es tener el conocimiento técnico necesario, pero el segundo, y tal vez el más importante, es saber manejar las relaciones humanas para obtener el máximo provecho del individuo, explotar todo el potencial disponible.

Para ejercer ese liderazgo es necesario ganar credibilidad al ponderar nuestras convicciones por encima del miedo a los resultados. El valiente tiene autoridad moral sobre el equipo, y el grupo entero seguirá el ejemplo. No debemos dejar de lado la fuerza de la ilusión, ya que no tiene igual, por lo que debemos redoblar nuestros esfuerzos para que la empresa que lideramos merezca la ilusión de nuestra gente. La pasión como líderes, debe ser nuestro motor. No existe un mejor combustible para el talento. No debemos permitir que se aniquile la pasión por medio de la prohibición de la espontaneidad.

El exceso de control destruye toda la iniciativa, y convierte la pasividad en un valor malentendido.

Como líder debes entender que un equipo es un grupo de personas diferentes que desarrollan su actividad de manera coordinada, en donde las capacidades se complementan con un compromiso común, operando con un método en donde se comparten responsabilidades.

Para integrar efectivamente a un grupo de trabajo, el primer paso es eliminar los egos, para ir tejiendo en paralelo afinidades que produzcan un estado de compromiso que genere un ambiente solidario, en donde el individuo se anime y adquiera la confianza necesaria para alcanzar las metas que cumplan con las expectativas que se tienen generadas.

Todos y cada uno de los integrantes del equipo deben aportan en mayor o menor medida su destreza, inteligencia y resistencia ante la adversidad. La clave para mantener e incluso incrementar ese aporte es identificar y tener presentes aquellos estímulos que activan al individuo para superar sus retos, entendiendo que no todos responden igual ante un estímulo y tampoco necesariamente estos son estrictamente económicos.

Uno de nuestros retos principales es encontrar esos estímulos para mantener el interés en la labor diaria, que nos dé un sentido sobre el camino que debemos seguir.

Un sentido que genera un compromiso por convicción, que es un vínculo significativamente más robusto que seguir meramente una orden.

Tu enemigo principal es la indolencia. Esta es la desconexión emocional entre el individuo y la actividad que realiza. Esto representa un cáncer en el mundo de los negocios a nivel global. Es necesario que a través de los estímulos se ofrezcan posibilidades de progreso, que permitan generar un orgullo de pertenencia y asegurar relaciones basadas en el respeto mutuo.

Toda vez que encuentres esos estímulos, estas en el camino de formar un equipo maduro en donde la solidaridad, responsabilidad y perseverancia deben ser su distintivo. Solidaridad, porque el resultado depende del aporte de todos los integrantes del equipo.

La responsabilidad, porque asumimos nuestras fallas sin buscar excusas en

los demás. La perseverancia, porque el trabajo diario es la única alternativa para ganarnos el respeto y la confianza de nuestros clientes.

No podemos dejar de lado la importancia de la individualidad, la cual se manifiesta en varios niveles, sobre todo cuando hablamos de ambientes globales. La atención en la individualidad garantiza una lealtad y productividad. Y a su vez, la suma de las individualidades genera soluciones colectivas, en donde prevalece la humildad, porque en ella se respetan las diferencias, se escucha, se genera empatía, se produce confianza.

Es necesario reforzar tu esquema de valores, basados en la convivencia, comunicación y profesionalismo. Debes entender desde tu posición clave en la organización, que las personas no son el activo más importante de la organización, el activo más importante son las "personas adecuadas". Y estos individuos tienen necesidades, que tenemos obligación de proveer: Necesita un lugar. Necesita libertad. Necesita confianza. Necesita exigencia. Necesita otros talentos para crecer. Cuando das confianza y poder, el individuo desarrolla toda su capacidad, en donde siempre será un problema la fuga de talentos y estas expuesto a eso de manera permanente, pero es mucho peor perder esos talentos al interior de la organización por falta de motivación.

La pretensión de hacer cambios para mejorar no necesariamente se contemplan cuando la maquinaria no está caminando. Por eso hay que considerar que es un buen momento para reforzar el rumbo que queremos tomar como organización. Pero para poder aspirar a un cambio, es imperativo que asumas tu papel como líder.

Las transformaciones hay que hacerlas cuando las cosas están funcionando. En este ambiente la capacidad de asimilación de los integrantes del equipo es infinitamente mayor que en una situación complicada. Las variaciones que se hagan no deben modificar la esencia, el estilo se debe reconocer siempre, situando constantemente nuevos desafíos para mantenernos alerta, sin olvidar que la innovación pone al grupo frente a nuevos desafíos.

La meta que debes perseguir individualmente es ganarte a ti mismo. La frustración se hace presente cuando se quiere ir a la misma velocidad que los demás. Todo puede cambiar cuando empiezas a darte cuenta de las ganancias de tus propios avances.

Las metas son parte integral de la alineación que parte de ti hacia el equipo, el país, la región y el ámbito global, y deben ser invariablemente concretas, retadoras, exigentes, alcanzables y renovables.

Comparte tu tiempo con los demás para transmitir realmente una constante renovación de los sueños, porque de esta manera renovamos el sentido de las cosas, y por lo tanto, desafiamos constantemente esa maldita costumbre de hacernos pendejos.

Debes ser un Diseñador
Y tu proyecto más importante es tú.

El Diseño es hacer de la belleza un atributo principal, no sólo del diseño del producto, también del diseño del proceso.

Todos somos diseñadores en menor o mayor medida. Para la mayoría de las personas, el diseño aplica como algo superficial, algo que maquilla, algo que embellece. Pero en realidad, el diseño es la esencia de las cosas.

El diseño dirige y define a cualquier negocio, a la empresa misma.

El diseño es cuestión de la emoción, de la atracción por un producto, el fundamento para comprar algo. La emoción es mucho más importante que el hecho, en el proceso de toma de decisión para comprar algo.

El diseño no es un concepto limitativo, puede ser un producto, servicio o experiencia.

La presentación de un informe de finanzas es un ejercicio de diseño, como la creación de un producto en cualquier empresa.

Todos somos diseñadores. Todos emitimos señales de diseño todos los

días. Desde la forma en cómo hemos diseñado nuestra manera de presentamos. Como hemos diseñado nuestra vestimenta. Como hemos diseñado el estilo para mostrar nuestros resultados. Como hemos diseñado nuestra carrera profesional.

Efectivamente, con el conjunto de decisiones que has tomado hasta ahora, has tenido la facultad de diseñar tu vida profesional.

Para bien o para mal, con todas las limitaciones, restricciones, escenarios, circunstancias, complejos, traumas, aspiraciones, incluso hasta la suerte, pero haz trazado una dirección en tu vida profesional, en la que tal vez no te has dado el tiempo para reflexionar.

Dicha reflexión conlleva a un auto-análisis que puede llegar a ser muy enriquecedor, pero doloroso, porque habrá cuestiones que seguramente vamos a encontrar que no nos van a agradar. La creación y alineación de un nuevo camino, requiere de un profundo auto-conocimiento.

Capítulo

5

¿Quién eres?

DEJEMOS DE
HACERNOS
P3ND3J0S!

¿Quién eres?
¿Realmente te conoces?

El camino hacia tu propósito es una tarea complicada, retadora y continua.

El proceso de autoconocimiento es un viaje profundo hacia el entendimiento y la aceptación de uno mismo. Al realizar el ejercicio de autoconocimiento, he tenido la oportunidad de explorar mis pensamientos, emociones, fortalezas y áreas de desarrollo de una manera más consciente.

Identificar mis fortalezas me ha permitido reconocer las cualidades que me destacan y que puedo utilizar para superar desafíos. Estas fortalezas no solo son habilidades tangibles, sino también aspectos de mi personalidad que puedo potenciar en mi vida personal y profesional.

Al confrontar mis áreas de desarrollo, he tomado conciencia de aquellas facetas de mí mismo que pueden necesitar más atención y crecimiento. Este reconocimiento no es un juicio, sino una oportunidad para aprender y evolucionar.
Entender mis motivaciones y valores fundamentales ha sido esencial. Esto me ha brindado claridad sobre las decisiones que tomo y cómo estas están alineadas con mi sentido más profundo de propósito y significado.

El autoconocimiento no solo implica reconocer fortalezas y áreas de desarrollo, sino también aceptar quién soy en este momento. Esta aceptación es un paso crucial hacia el empoderamiento personal y la toma de decisiones alineadas con mi auténtico yo.

El ejercicio me ha permitido conectar mis metas y aspiraciones con mi identidad. Entender quién soy en el núcleo me ha proporcionado una base sólida para establecer metas realistas y alcanzables.

El autoconocimiento es un proceso continuo. Este ejercicio marca el inicio de un viaje que seguiré explorando a lo largo del tiempo. La autoexploración constante me permitirá crecer, adaptarme y vivir una vida

IDENTIDAD

¿Quién eres?

Más allá del trabajo
Identifica qué es lo más importante para ti, sombreando cada segmento conforme al grado de importancia que consideres representa cada aspecto en tu vida.

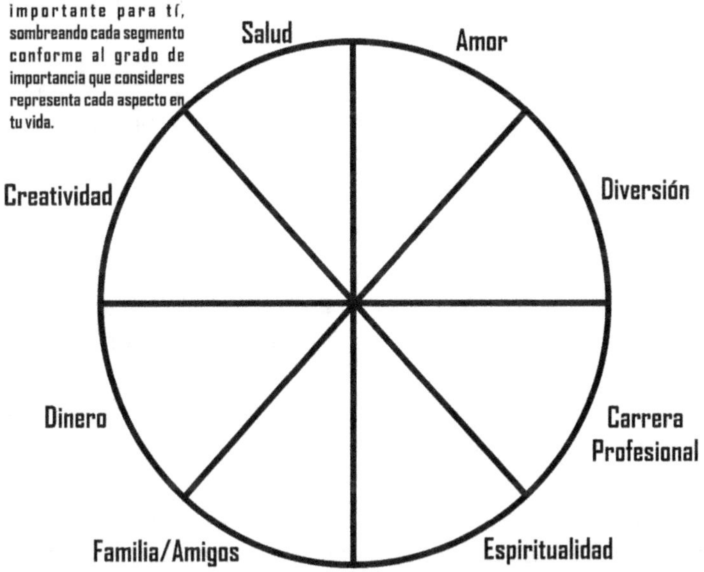

Salud

Amor

Creatividad

Diversión

Dinero

Carrera Profesional

Familia/Amigos

Espiritualidad

Este simple ejercicio nos da claridad sobre los temas que son realmente relevantes para ti, y en los que tal vez decidas poner a partir de ahora mayor atención. Puedes cambiar y agregar los temas que consideres, este es sólo un ejemplo.

Seguramente notas un des-balance importante entre algunos temas, y es normal. La pregunta es si realmente quieres restaurar el equilibrio entre ellos. Ese es el punto.

Porque implica algo que para la mayoría representa dolor, no es algo fácil, pero a la vez es increíblemente simple: necesitas recordar qué es lo que te

hacía más feliz en tu niñez, porque como niños sabíamos quiénes éramos y lo que nos gustaba hacer, aunque no supiéramos cómo explicarlo.

Pero, ¿qué fue lo que pasó? conforme pasa el tiempo, ponemos más atención a lo que nos dice el mundo, que lo que nos decimos a nosotros mismos. Lo que dice el mundo suele ser estridente y persuasivo, nos doblega ante sus demandas. Resulta que en un abrir y cerrar de ojos, tal vez cumpliste las expectativas de otros y no las tuyas. Todo basado en convencionalismos y paradigmas socialmente aceptables (buen salario, estabilidad, seguridad, lealtad, etc.).

Tienes que encontrar los factores que puedes usar en tu carrera que te hacen más feliz y efectivo. ¿Cuáles son tus intereses? Lo que te excita en el buen sentido. La forma en que te gusta trabajar y relacionarte con los demás, y lo que sabes hacer mejor con tus habilidades naturales.

En resumen, tu satisfacción laboral depende de tres factores clave: tus intereses, tus habilidades y tu personalidad.

Tú has expresado tu personalidad a través de la elección de tu carrera, como cuando seleccionas a tus amigos, diversiones, escuela, etc. Lo que significa que tu satisfacción laboral depende de que tan buena es la coincidencia entre tu personalidad y tu ambiente de trabajo.

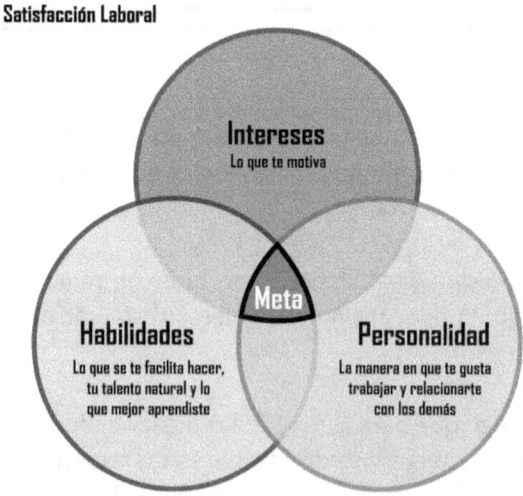

Satisfacción Laboral

Para entender con mayor facilidad tu interés vocacional como una expresión de tu personalidad, a continuación usaremos la definición de tendencias de personalidad del Psicólogo John Holland.

Artística. Preferencia por la manipulación de materiales físicos o intangibles para crear formas de arte. Evita actividades estructuradas y ocupaciones convencionales. Ejemplos: Actor, Compositor, Diseñador.

Social. Inclinación por trabajar con personas para informar, desarrollar, ayudar o curar. Evita actividades que demanden situaciones realistas. Ejemplos: Maestro, Enfermera, Psicólogo, Ministro Religioso.

Investigación. Tendencia por investigar fenómenos físicos, biológicos o culturales Evita actividades que demanden ocupaciones empresariales. Ejemplos: Geólogo, Químico, Físico, Biólogo.

Empresarial. Propensión por liderar a otros, obteniendo ganancias económicas. Evita actividades de investigación. Ejemplos: Emprendedor, Ejecutivo de Negocios, Vendedor, Administrador, Comprador.

Realística. Preferencia por trabajar con herramientas, maquinaria, o animales, frecuentemente en espacios abiertos. Evita ocupaciones sociales. Ejemplos: Mecánico Automotriz, Electricista, Granjero.

Convencional. Inclinación por organizar y procesar datos en ambientes estructurados. Evita ocupaciones o situaciones no-estructuradas. Ejemplos: Banquero, Asistente Ejecutiva, Programador, Analista Financiero.

IDENTIDAD
¿Quién eres?

Tendencias de Personalidad

Identificar tu tendencia te ayuda a determinar tu grado de satisfacción en tu carrera, ya que te da la posibilidad de verificar si efectivamente existe una alineación entre tu ambiente de trabajo y tu tendencia.

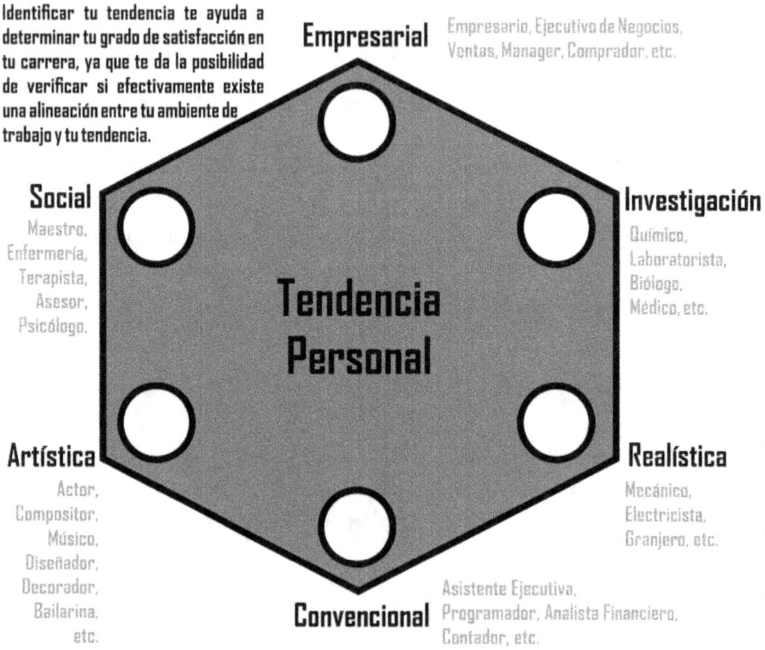

Empresarial — Empresario, Ejecutivo de Negocios, Ventas, Manager, Comprador, etc.

Social — Maestro, Enfermería, Terapista, Asesor, Psicólogo.

Investigación — Químico, Laboratorista, Biólogo, Médico, etc.

Tendencia Personal

Artística — Actor, Compositor, Músico, Diseñador, Decorador, Bailarina, etc.

Realística — Mecánico, Electricista, Granjero, etc.

Convencional — Asistente Ejecutiva, Programador, Analista Financiero, Contador, etc.

El entender en dónde encajas nos lleva a la siguiente definición, que nos ayuda a ubicar qué significa para ti el concepto de trabajo:
¿Para ti es simplemente cobrar el cheque sin involucrarse personalmente?
¿Significa una carrera, motivada por el deseo de éxito y status?
¿Es un sentimiento de obligación por un llamado divino?
¿Representa un significado importante en tu vida?

Las definiciones que vas generando te ayudan a tener más elementos para definir tu modelo de negocios personal, tu marca, partiendo de quién eres y qué quieres. No desesperes, no es normal que sepas exactamente qué es lo que quieres, de hecho es un verdadero logro cuando lo consigues.

Por lo pronto, hasta aquí ya identificaste cuáles son los temas más relevantes para ti y si definiste reforzar alguno de ellos. También lograste identificar tu tendencia laboral para saber qué tanto coincide con tu ambiente laboral, para finalmente reflexionar que representa el trabajo en tu vida.

Todo lo anterior para llegar a definir tu Propósito. Este es el paso crucial para redefinir tu esquema personal basado en las actividades que vas a desarrollar para proveer valor a tus clientes. Si lo trasladamos a un ambiente de negocios, es el equivalente a la oferta de valor.

A partir de este punto, vas a leer constantemente el término esquema. Este es precisamente el material principal que te facilito en esta publicación. En resumen, y como lo podrás constatar más adelante, es una serie de conceptos que he agrupado a manera de un rompecabezas dividido en niveles, que nos permite definir quién eres, qué haces y a quién ayudas.

Mi objetivo es que entiendas todos y cada uno de los elementos del esquema aplicados en ti, para después facilitar el traslado de los conceptos a un escenario de negocios.

Pueden existir interpretaciones en cuanto a la relación entre las definiciones centrales del esquema, dependiendo de las circunstancias que vives en ese determinado momento, de la posición económica y social en la que te encuentras, incluso hasta del ánimo con el que empiezas a desarrollar el ejercicio.

De hecho, el esquema es un documento vivo que va cambiando con el tiempo, ya que debe estar alineado en primera instancia con tu propósito (la relación cómo ayudas-qué ofreces), el cual se va modificando conforme a lo que vas viviendo, madurando, aprendiendo y reflexionando.

El siguiente ejercicio sirve para representar los puntos más altos y los más bajos en tu vida, en cualquier aspecto. De los mejores momentos a los peores, positivos y negativos. Elige uno por cada renglón, iniciando por el más reciente como en el ejemplo que se muestra.

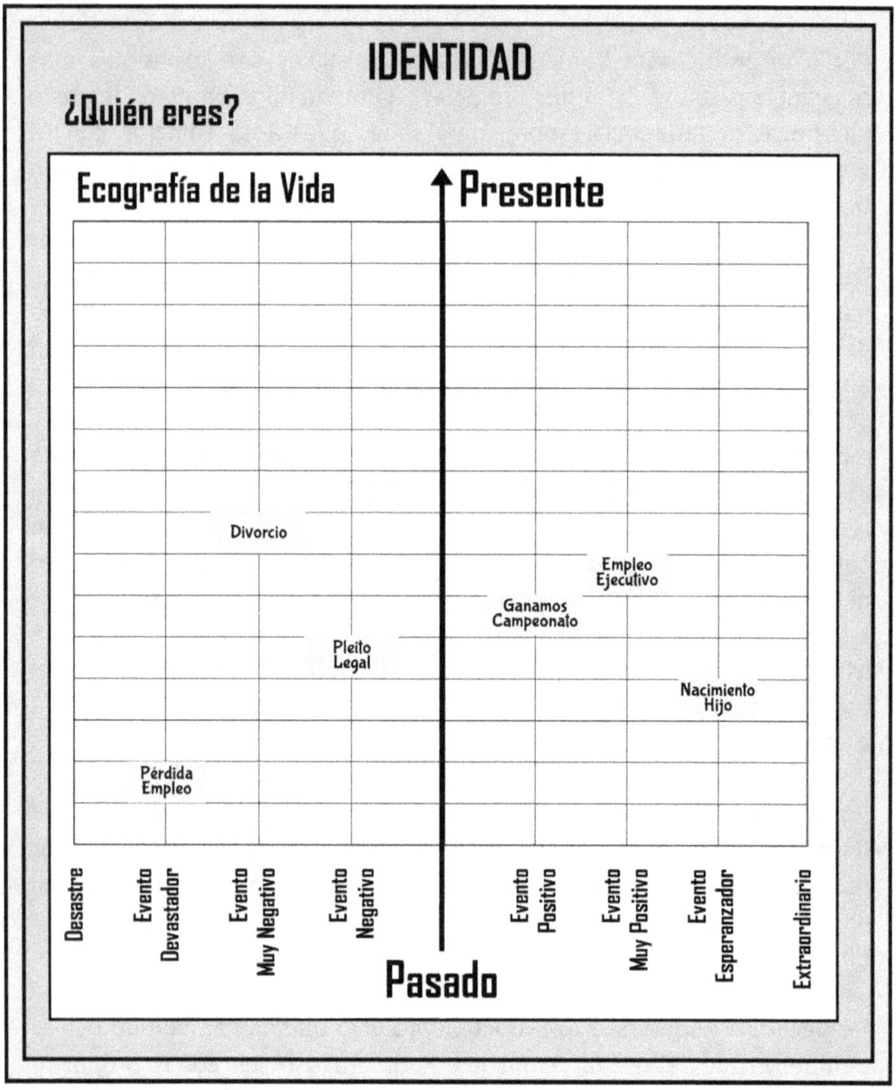

IDENTIDAD

¿Quién eres?

Ecografía de la Vida

↑ Presente

		Divorcio							
							Empleo Ejecutivo		
						Ganamos Campeonato			
				Pleito Legal					
								Nacimiento Hijo	
	Pérdida Empleo								

Desastre	Evento Devastador	Evento Muy Negativo	Evento Negativo		Evento Positivo	Evento Muy Positivo	Evento Esperanzador	Extraordinario

Pasado

Basándote en los puntos más altos de tu vida que describiste en el ejercicio "Ecografía de la Vida", es decir, los más positivos, identifica del aspecto laboral qué actividades desarrollabas en esos momentos en el primer punto de la siguiente imagen.

IDENTIDAD

DeJeMOS De HACERNOS P3ND3J0S!

¿Quién eres?

1. Identifica Habilidades

Revisa en tu ecografía tus eventos positivos. Identifica actividades como las de la siguiente lista relacionadas a esos eventos.

Trabajo de Contabilidad
Auditoría
Procesamiento de Datos
Inventariado
Administración de Oficina
Operación de Maquinaria
Programación de Computadoras
Compras
Transcripciones
Trabajo de Asistente
Cursos de Negocios
Publicidad
Creatividad Artística
Conceptualización
Crear Publicaciones
Creación de Ideas
Diseño de Mobiliario
Edición
Presentación Musical/DanzaCurso de Arte
Fotografía
Escritura/Editorialista
Análisis
Investigación Independiente
Diagnósticos
Trabajo de Laboratorio
Resolución de Problemas Científicos
Curso de Ciencias
Escribir o Editar Artículos Técnicos
Desarrollo de Cuestionarios
Ensamblaje
Construcción de Estructuras
Cuidado de Animales
Manejo de Vehículos
Reparación Eléctrica/Mecánica
Reparación de Objetos
Curso de Orientación Vocacional
Soporte a Equipos Mecánicos
Uso de Herramientas
Manejo de Equipo Pesado
Trabajo en Exteriores

2. Elige tu Top-Ten

Elige tus 10 actividades mejor rankeadas de la lista que seleccionaste.

3. Elige tus 5 favoritas

De tus 10 actividades, elige tus 5 favoritas. Estas actividades son las que más disfrutas y en las que eres más capaz al usarlas en tu trabajo.

El objetivo de este ejercicio es darte cuenta de tus actividades mejor rankeadas, es decir, las mejor clasificadas con base en lo que te genera más satisfacción y también lo que haces mejor. Primero elige 10 de ellas. Posteriormente de esas 10 elige tus 5 favoritas.

Basándote en tus 5 actividades favoritas, vas a confirmar tu propósito en la siguiente imagen, al complementar oraciones que indiquen a qué grupos de

personas vas a ayudar y en qué aspectos. Esto te sirve para confirmar tu propósito, el cual es un aspecto fundamental para lograr tu satisfacción

IDENTIDAD

¿Quién eres?

Confirma tu Propósito

Basándote en tus actividades favoritas, complementa formando una oración en donde indiques a qué grupo de personas o individuos que pretendes ayudar con las actividades, e indicar en un inicio en qué les vas a ayudar. Por ejemplo:

"Ayudar a dar soporte-a los compañeros recién contratados-dándoles cursos de capacitación."

"Ayudar a mejorar el desempeño de las compañías comercializadoras a través de la innovación de sus aplicaciones de negocio."

Actividades Favoritas

¿En qué voy a ayudar?	¿A quienes voy a ayudar?	Actividad

Resumen

El camino hacia tu propósito

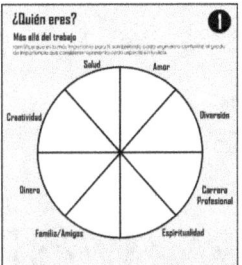

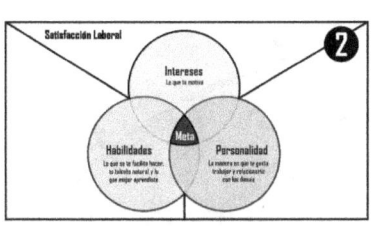

Prioridades + Satisfacción + Tendencia

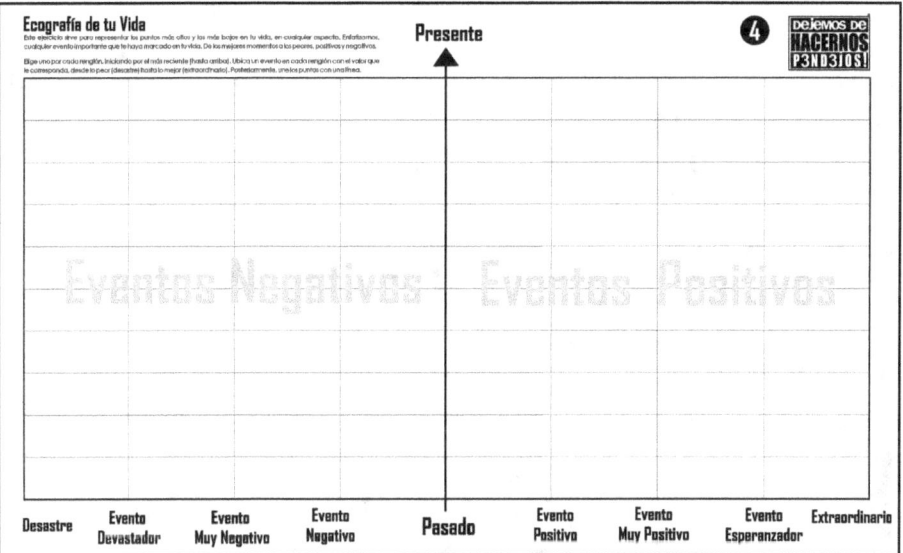

Ecografía => Top 5 => Propósito

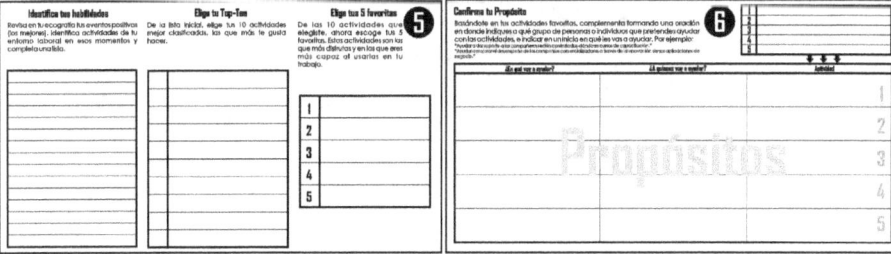

Tercera
Parte

Tercera Parte
Evalúación Individual + Evaluación Corporativa

Date cuenta de dónde estás parado/a.
Familiarizate con los conceptos.
Genera planes de acción.
Ejecuta. Ejecuta. Ejecuta.

No importa si no tienes todas las respuestas.
No importa si no puedes avanzar como quisieras.

El bojetivo es empezar a moverse. Poco a poco.

En resumen:
Deja de hacerte pendejo/a e identifica tu punto de partida.
Ya deja la parálisis por análisis.
Toma acción ya!

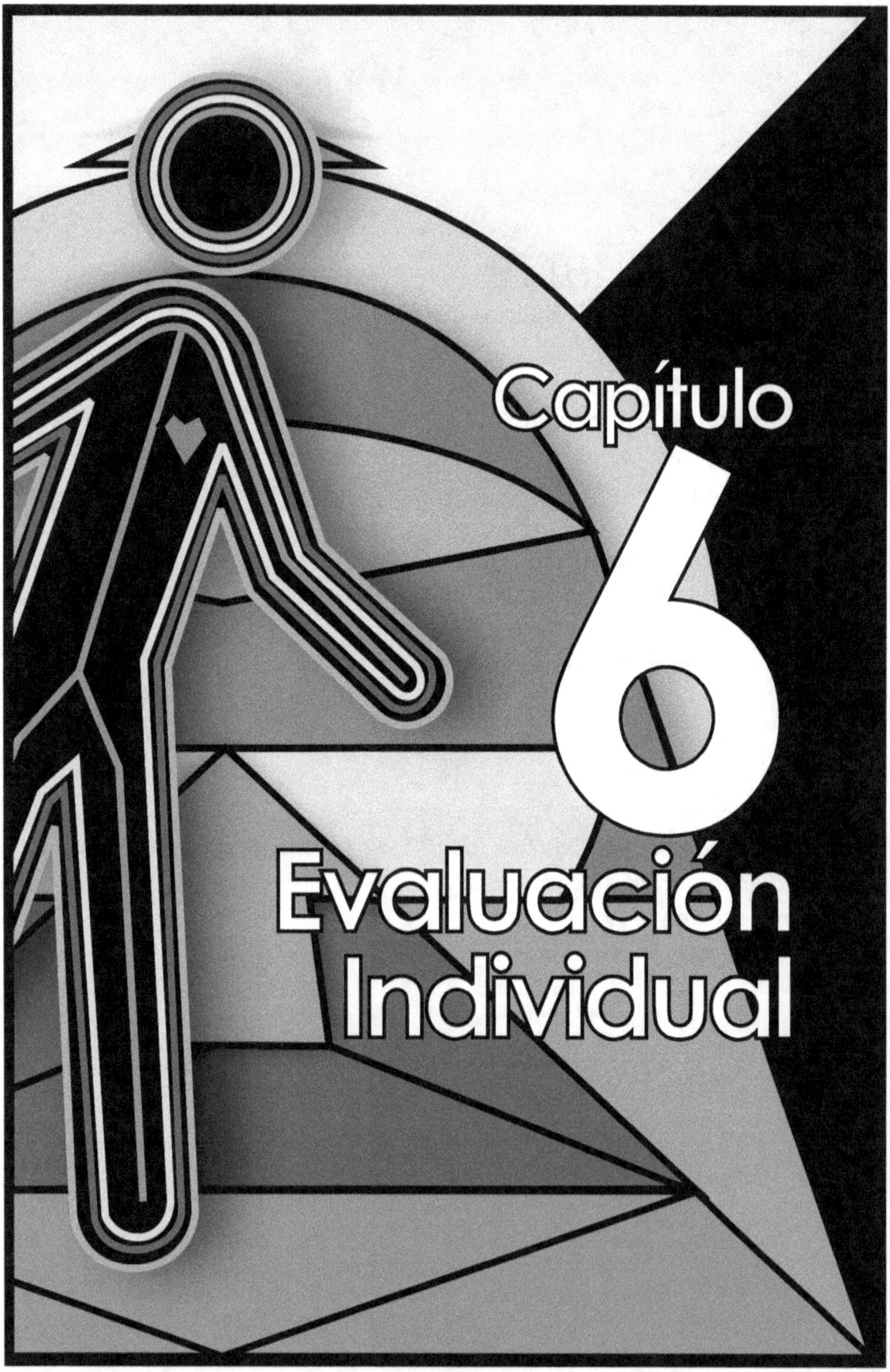

Capítulo

6

Evaluación
Individual

Capítulo 6. Evaluación Individual

La mayor sabiduría que existe es conocerse a uno mismo. Galileo Galilei

Tú marca personal.

En resumen, partimos de nuestros 7 principios. Nos asumimos en una realidad compleja en la que en estas épocas, a pesar de ser turbulentas, siempre traen consigo oportunidades. Para aprovecharlas al máximo, primero debes ocuparte de ti mismo.

Ello implica un auto-análisis y un cambio. La clave de ese cambio radica en tu fuerza de voluntad. El reto es transformar tus hábitos para así incrementar significativamente tu eficiencia, atender como prioridad tu salud e identificar y potenciar tus talentos.

Aceptar y desarrollar tu rol como líder al administrar, tomando conciencia de tu papel crítico como vendedor, que será el motor de tu desarrollo, para diseñar así tu esquema de negocios personal y partir hacia la ejecución de modelos con mayor complejidad que se traduzcan en beneficios concretos al generar oportunidades de negocio.

Para diseñar tu modelo individual de negocio, es imperativo identificar en dónde estás parado/a, para que a partir de ese punto te sea posible avanzar hacia una mejora. Por lo anterior, te presento la siguiente evaluación que se basa en cuatro grandes rubros:

Mi Propuesta de Valor. Se refiere a lo que ofreces.

Mis Ingresos. Se refiere al monto que pretendes recibir por tus servicios.

Mis Recursos. Se refiere a lo que necesitas para mejorar tu oferta de trabajo.

Mi Interfase con el Cliente. Se refiere a cómo pretendes llegar al cliente, cómo te van a conocer.

Para calificar las oportunidades, se establece una calificación del 5 al 1, asignando el mayor valor a las oportunidades que consideres tengan mayor impacto para tu desarrollo profesional.

Para cada valor se definen los siguientes criterios:

Excepcional. La oportunidad es excepcional, con un potencial significativo para generar un impacto positivo sustancial en mi carrera profesional.

Muy Favorable. La oportunidad es muy positiva y ofrece un considerable potencial para el crecimiento y el éxito profesional.

Moderada. La oportunidad tiene un potencial razonable para generar beneficios, pero puede requerir esfuerzos adicionales para maximizar su impacto.

Limitada. La oportunidad tiene un potencial limitado y puede ofrecer beneficios menores en comparación con otras oportunidades.

Desafiante. La oportunidad presenta desafíos significativos y puede tener un impacto mínimo en el crecimiento o éxito profesional.

Identifica de los cuantro grandes rubros, cuál obtuvo el mayor puntaje. Sobre ese rubro, enlista las oportunidades con mayor valor, y sobre ellas desarrolla un plan de acción.

Cuando te menciono un plan de acción me refiero a lo siguiente: desarrolla las respuestas a las preguntas con mayor potencial (valor numérico). Identifica las actividades que deberías ejecutar. Define un límite de tiempo. Organiza las actividades en un checklist. Toma acción. Trata de avanzar todos los días, por muy poco que sea el avance.

No te preocupes si no tienes todas las respuestas, o no tienes la posibilidad de ejecutar todas las acciones que has generado. El objetivo principal es que identifiques los conceptos de los cuatro grandes rubros y te empieces a familiarizar con ellos. Es importante que comprendas en dónde estás parado/a, cuál es el punto de partida. Por ello iniciamos con esta pequeña evaluación antes de entrar de lleno al Modelo/Esquema.

OPORTUNIDADES	CALIFICACIÓN				
	5	4	3	2	1
	Exepcional	Muy Favorable	Moderada	Limitada	Desafiante
MI PROPUESTA DE VALOR					
¿Puedo diversificar y maximizar mi valor profesional generando ingresos recurrentes mediante la transformación de mis habilidades y conocimientos en servicios, y viceversa?					
¿Puedo integrar de manera más efectiva mis habilidades y servicios profesionales para ofrecer una propuesta integral y mejorada a mis clientes o empleadores potenciales?					
¿Puedo identificar y satisfacer de manera efectiva las necesidades adicionales de mis clientes o empleadores para proporcionar un valor añadido en mi carrera profesional?					
¿Puedo incorporar complementos o extensiones a mi propuesta de valor profesional para destacar y ofrecer una oferta más completa y atractiva en mi carrera?					
¿Puedo desarrollar otras actividades en beneficio de mis clientes o empleadores para fortalecer mi relación y contribuir de manera significativa a mi desarrollo profesional?					
Subtotal					

Matriz de Ponderación		
21 a 25	Excepcional	La oportunidad es excepcional, con un potencial significativo para generar un impacto positivo sustancial en mi carrera profesional.
16 a 20	Muy Favorable	La oportunidad es muy positiva y ofrece un considerable potencial para el crecimiento y el éxito profesional.
11 a 15	Moderada	La oportunidad tiene un potencial razonable para generar beneficios, pero puede requerir esfuerzos adicionales para maximizar su impacto.
6 a 10	Limitada	La oportunidad tiene un potencial limitado y puede ofrecer beneficios menores en comparación con otras oportunidades.
5	Desafiante	La oportunidad presenta desafíos significativos y puede tener un impacto mínimo en el crecimiento o éxito profesional.

OPORTUNIDADES	CALIFICACIÓN				
	5	4	3	2	1
	Exepcional	Muy Favorable	Moderada	Limitada	Desafiante
MIS INGRESOS					
¿Puedo transformar un ingreso único en una fuente de ingresos recurrentes a través de la mejora continua de mis habilidades y la oferta de servicios o productos consistentes en mi carrera profesional?					
¿Existen elementos adicionales por los que los empleadores o clientes estarían dispuestos a pagar en el contexto de mis habilidades y servicios profesionales?					
¿Puedo identificar oportunidades de colaboración interna o asociaciones externas que impulsen la venta cruzada de mis habilidades y servicios en mi carrera profesional?					
¿Puedo explorar y crear fuentes adicionales de ingresos aprovechando mis habilidades y experiencias en mi carrera profesional?					
¿Puedo evaluar y posiblemente incrementar el valor de mis servicios para reflejar mi crecimiento profesional y la demanda en mi industria?					
Subtotal					

Matriz de Ponderación		
21 a 25	Excepcional	La oportunidad es excepcional, con un potencial significativo para generar un impacto positivo sustancial en mi carrera profesional.
16 a 20	Muy Favorable	La oportunidad es muy positiva y ofrece un considerable potencial para el crecimiento y el éxito profesional.
11 a 15	Moderada	La oportunidad tiene un potencial razonable para generar beneficios, pero puede requerir esfuerzos adicionales para maximizar su impacto.
6 a 10	Limitada	La oportunidad tiene un potencial limitado y puede ofrecer beneficios menores en comparación con otras oportunidades.
5	Desafiante	La oportunidad presenta desafíos significativos y puede tener un impacto mínimo en el crecimiento o éxito profesional.

	CALIFICACIÓN				
	5	4	3	2	1
OPORTUNIDADES	Exepcional	Muy Favorable	Moderada	Limitada	Desafiante
MIS RECURSOS					
¿Puedo optimizar el uso de recursos de manera eficiente sin comprometer la calidad para alcanzar los resultados esperados en mi carrera profesional?					
¿Puedo aprovechar los recursos clave de mis colaboradores o socios de negocio para fortalecer y enriquecer mi desarrollo profesional?					
¿Puedo identificar y aprovechar recursos clave actualmente subutilizados para mejorar mi rendimiento y contribución en mi carrera profesional?					
¿Puedo aprovechar propiedad intelectual en mi repertorio de habilidades y conocimientos que pueda convertir en oportunidades valiosas para mi desarrollo profesional?					
¿Cómo puedo estandarizar y optimizar actividades clave en mi rutina profesional para mejorar la eficiencia y la consistencia en la entrega de mis servicios?					
¿Puedo mejorar la eficiencia en mi trabajo diario para lograr resultados más efectivos y contribuir al éxito general de mi carrera profesional?					
¿Puedo evaluar y mejorar la eficiencia del soporte de TI para mis actividades profesionales, asegurándome de contar con las herramientas adecuadas para optimizar mi desempeño?					
¿Puedo considerar actividades para outsourcing que me permitan enfocarme en mis fortalezas y áreas clave de mi carrera profesional?					
¿Puedo mejorar la colaboración con socios de negocio para optimizar y centrarme mejor en aspectos clave de mi carrera profesional?					
¿Puedo identificar oportunidades de venta cruzada en colaboración con mis socios de negocio para ampliar mi oferta de servicios y fortalecer mi posición en mi carrera profesional?					
¿Puedo aprovechar los canales de los socios de negocio para expandir mi alcance y conectar de manera más efectiva con clientes en mi carrera profesional?					
¿Puedo identificar socios de negocio que complementen y fortalezcan mi oferta de servicios, contribuyendo así al desarrollo de mi carrera profesional?					
Subtotal					

Matriz de Ponderación		
49 a 60	Excepcional	La oportunidad es excepcional, con un potencial significativo para generar un impacto positivo sustancial en mi carrera profesional.
37 a 48	Muy Favorable	La oportunidad es muy positiva y ofrece un considerable potencial para el crecimiento y el éxito profesional.
25 a 36	Moderada	La oportunidad tiene un potencial razonable para generar beneficios, pero puede requerir esfuerzos adicionales para maximizar su impacto.
13 a 24	Limitada	La oportunidad tiene un potencial limitado y puede ofrecer beneficios menores en comparación con otras oportunidades.
12	Desafiante	La oportunidad presenta desafíos significativos y puede tener un impacto mínimo en el crecimiento o éxito profesional.

OPORTUNIDADES	CALIFICACIÓN				
	5	4	3	2	1
	Exepcional	Muy Favorable	Moderada	Limitada	Desafiante
MI INTERFASE CON EL CLIENTE					
¿Cómo puedo capitalizar las oportunidades de un mercado en crecimiento para impulsar mi desarrollo y éxito profesional?					
¿Cómo puedo explorar y abordar con éxito nuevos segmentos de mercado que sean relevantes para mi carrera profesional?					
¿Puedo mejorar mi servicio mediante una segmentación de mercado más precisa, asegurándome de satisfacer las necesidades específicas de mi audiencia en mi carrera profesional?					
¿Puedo contribuir a mejorar la efectividad y eficiencia de mis canales de comunicación y distribución para maximizar mi impacto en mi carrera profesional?					
¿Puedo integrar de manera más efectiva mis canales de comunicación y distribución para mejorar la coherencia y eficacia de mi presencia en el mercado en mi carrera profesional?					
¿Puedo explorar y aprovechar nuevos canales complementarios proporcionados por mis socios de negocio para ampliar mi presencia y alcance en mi carrera profesional?					
¿Puedo aumentar los márgenes de los productos y servicios a mis clientes, proporcionando un valor adicional y diferenciándome en mi carrera profesional?					
¿Puedo alinear de manera más efectiva mis canales de comunicación con los segmentos específicos de mi mercado, asegurándome de dirigirme de manera precisa a mi audiencia en mi carrera profesional?					
¿Puedo potenciar el seguimiento a mis clientes de manera más efectiva para fortalecer las relaciones y proporcionar un servicio personalizado en mi carrera profesional?					
¿Puedo fortalecer y estrechar mis relaciones con mis clientes para construir lealtad y proporcionar un servicio excepcional en mi carrera profesional?					
¿Puedo mejorar la personalización de mis servicios para satisfacer las necesidades individuales de mis clientes y destacar en mi carrera profesional?					
¿Puedo aumentar mi eficiencia personal y reducir costos innecesarios para mejorar mi rentabilidad y éxito profesional?					
¿Puedo identificar y gestionar de manera efectiva las relaciones con clientes que no contribuyen significativamente a mi éxito profesional?					
¿Puedo mejorar y fortalecer algunas de mis relaciones clave con clientes para garantizar una colaboración más exitosa y beneficios mutuos en mi carrera profesional?					
Subtotal					

Matriz de Ponderación		
57 a 70	Excepcional	La oportunidad es excepcional, con un potencial significativo para generar un impacto positivo sustancial en mi carrera profesional.
43 a 56	Muy Favorable	La oportunidad es muy positiva y ofrece un considerable potencial para el crecimiento y el éxito profesional.
29 a 42	Moderada	La oportunidad tiene un potencial razonable para generar beneficios, pero puede requerir esfuerzos adicionales para maximizar su impacto.
15 a 28	Limitada	La oportunidad tiene un potencial limitado y puede ofrecer beneficios menores en comparación con otras oportunidades.
14	Desafiante	La oportunidad presenta desafíos significativos y puede tener un impacto mínimo en el crecimiento o éxito profesional.

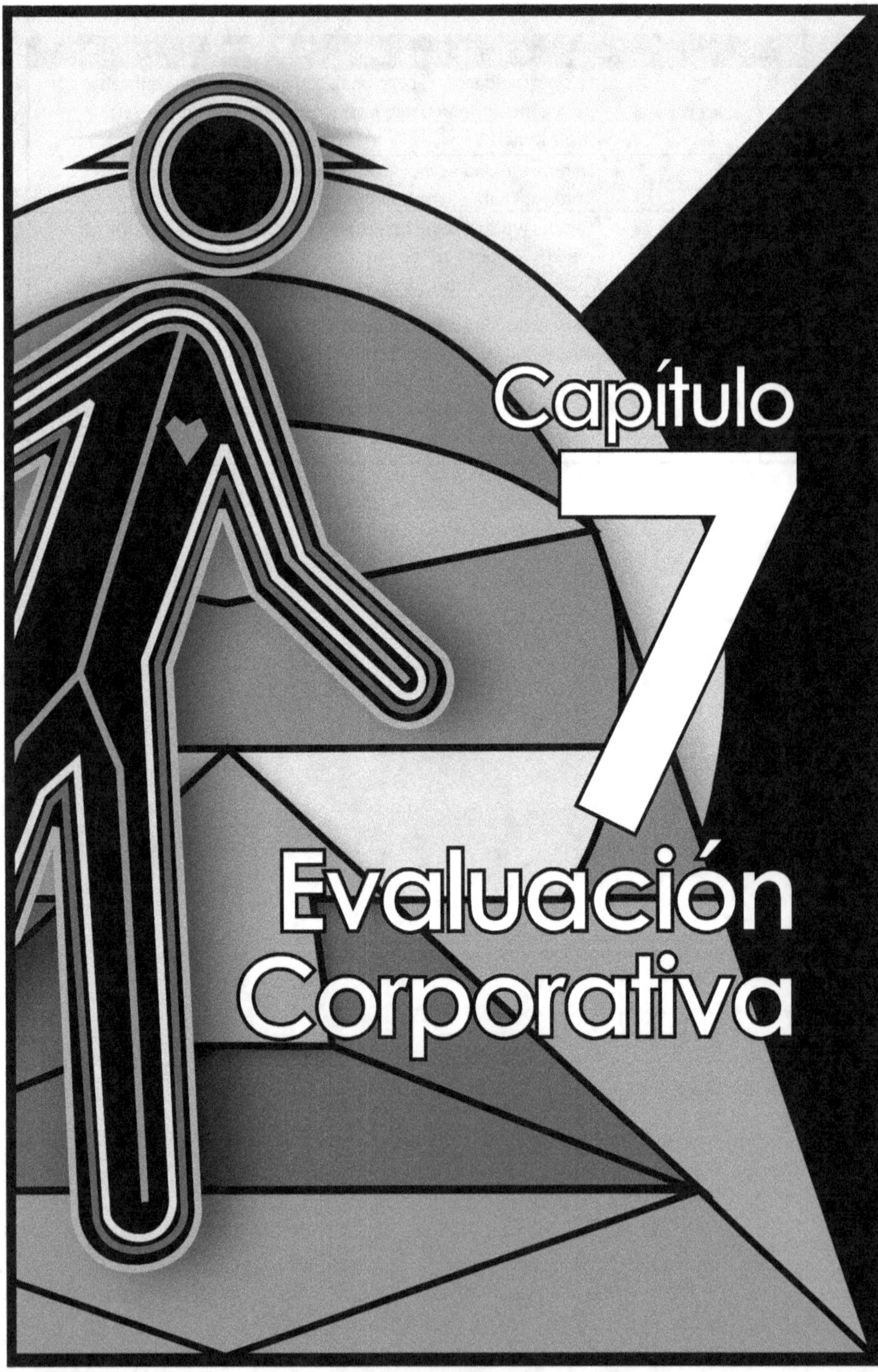

Capítulo

7

Evaluación Corporativa

Capítulo 7. Evaluación Corporativa

"Correr riesgos es mejor que vivir con remordimientos."- Mark Zuckerberg.

La identificación del riesgo

Para cualquier individuo, organización o entidad que esté considerando una nueva oportunidad de negocio, la identificación de riesgos es una herramienta esencial para evaluar la viabilidad y rentabilidad de la inversión.

La identificación de riesgos es un proceso de evaluación sistemático que permite identificar, analizar y evaluar los posibles riesgos asociados con una oportunidad de negocio.

En este sentido, la identificación de riesgos permite a las empresas tomar decisiones informadas y ayuda a reducir la incertidumbre asociada con la inversión en una nueva oportunidad de negocio.

Uno de los principales beneficios de la identificación de riesgos en la evaluación de una oportunidad de negocio es que permite a las empresas identificar los que pueden afectar directa o indirectamente al negocio.

Sin duda alguna, en cualquier oportunidad de negocio interviene factores como la competencia, los cambios en la demanda del mercado, las condiciones económicas, los cambios en la tecnología, la regulación y las políticas gubernamentales.

La identificación de riesgos aplicada a nuestro modelo de negocios, se fundamenta en las consideraciones que defines de inicio y tu madurez en la aplicación de los conceptos integrados a través de los nueve niveles del esquema. En términos simples, qué tan preparado/a estás para afrontar el reto.

Mi objetivo es que tengas la posibilidad de tomar decisiones más informadas sobre si debes o no invertir en la oportunidad.

Aclaro, riesgo siempre va a existir. Y no es algo malo. Simplemente es algo inherente a cualquier negocio. El tema estriba en la habilidad para gestionarlo y así evitar que te afecte.

Lo fundamental es que no te agarre por sorpresa. Sabes que ahí está, entonces define la implementación de medidas de contingencia. Por ejemplo, la diversificación de los ingresos, la adopción de prácticas comerciales más seguras, la inversión en nuevas tecnologías o la formación del personal.

La identificación de riesgos es una herramienta esencial para cualquier individuo que busque invertir en una nueva oportunidad de negocio.

Para no darle más vueltas al asunto, cualquiera que busque invertir en una nueva oportunidad de negocio deben realizar una identificación y cálculo de riesgos antes de tomar una decisión final.

Existen diversas metodologías que puedes utilizar para la gestión de riesgos, algunas de las más reconocidas son:

- Análisis FODA: es una herramienta utilizada para analizar las fortalezas, oportunidades, debilidades y amenazas de un proyecto o negocio. Es una metodología sencilla pero efectiva para identificar y evaluar los riesgos.

- Análisis DAFO: similar al análisis FODA, pero incluye la dimensión de "debilidades" en lugar de "amenazas". Este análisis también es útil para identificar y evaluar los riesgos asociados a una oportunidad de negocio.

- Análisis PESTEL: esta metodología se utiliza para analizar el entorno externo en el que se encuentra la empresa, incluyendo factores políticos, económicos, sociales, tecnológicos, ambientales y legales. Esta metodología permite identificar riesgos y oportunidades en el entorno que pueden afectar al negocio.

- Análisis de riesgos cualitativo: esta metodología utiliza un enfoque subjetivo para evaluar los riesgos identificados en el proyecto. Se asigna una puntuación a cada riesgo en función de su probabilidad e impacto, y se evalúa el nivel de riesgo en función de la puntuación total.

- Análisis de riesgos cuantitativo: esta metodología utiliza un enfoque más objetivo para evaluar los riesgos, y utiliza herramientas estadísticas y modelos matemáticos para analizar los riesgos y determinar su impacto en el proyecto.

A continuación te comparto una buena opción para iniciar con un análisis que te permite identificar oportunidades y amenazas, así como una evaluación general. Es fácil de aplicar y no requiere de conocimientos técnicos especializados, lo que lo hace ideal para emprendedores que están comenzando y no tienen experiencia previa en la gestión de riesgos.

La evaluación que te presento a continuación se basa en cuatro grandes rubros:

La Propuesta de Valor. Se refiere al producto/servicio que pretendes ofrecer.

Costo/Retorno de Inversión. Se refiere al monto que pretendes recibir por tus productos/servicios.

Infraestructura. Se refiere a los recursos que necesitas para desarrollar tu producto/servicio.

Mi Interfase con el Cliente. Se refiere a cómo pretendes llegar al cliente final, cómo te van a conocer.

Para calificar las oportunidades, se establece una calificación del 5 al 1, asignando el mayor valor a las oportunidades que consideres tengan mayor impacto para el negocio. Para cada valor se definen los siguientes criterios:

Excepcional. La oportunidad es excepcional, con un potencial significativo para generar un impacto positivo sustancial en el negocio.

Muy Favorable. La oportunidad es muy positiva y ofrece un considerable potencial para el crecimiento y el éxito del negocio.

Moderada. La oportunidad tiene un potencial razonable para generar beneficios, pero puede requerir esfuerzos adicionales para maximizar su impacto.

Limitada. La oportunidad tiene un potencial limitado y puede ofrecer beneficios menores en comparación con otras oportunidades.

Desafiante. La oportunidad presenta desafíos significativos y puede tener un impacto mínimo en el crecimiento o éxito del negocio.

OPORTUNIDADES	CALIFICACIÓN				
	5	4	3	2	1
	Exepcional	Muy Favorable	Moderada	Limitada	Desafiante
PROPUESTA DE VALOR					
¿Podemos generar ingresos recurrentes transformando productos en servicios y viceversa?					
¿Podemos integrar de una mejor manera nuestros productos y servicios?					
¿Podemos satisfacer necesidades adicionales de nuestros clientes?					
¿Existen complementos o extensiones a nuestra propuesta de valor?					
¿Existen otras actividades que podemos desarrollar en beneficio de nuestros clientes?					
Subtotal					

Matriz de Ponderación		
21 a 25	Excepcional	La oportunidad es excepcional, con un potencial significativo para generar un impacto positivo sustancial en el negocio.
16 a 20	Muy Favorable	La oportunidad es muy positiva y ofrece un considerable potencial para el crecimiento y el éxito del negocio.
11 a 15	Moderada	La oportunidad tiene un potencial razonable para generar beneficios, pero puede requerir esfuerzos adicionales para maximizar su impacto.
6 a 10	Limitada	La oportunidad tiene un potencial limitado y puede ofrecer beneficios menores en comparación con otras oportunidades.
5	Desafiante	La oportunidad presenta desafíos significativos y puede tener un impacto mínimo en el crecimiento o éxito del negocio.

	CALIFICACIÓN				
	5	4	3	2	1
OPORTUNIDADES	Exepcional	Muy Favorable	Moderada	Limitada	Desafiante
COSTO/RETORNO DE INVERSIÓN					
¿Podemos reemplazar un ingreso único con ingresos recurrentes por el mismo producto o servicio?					
¿Existen elementos adicionales por los que los clientes esten dispuestos a pagar?					
¿Existen oportunidades cruzadas de venta internamente o con socios de negocio?					
¿Podemos crear ingresos adicionales?					
¿Podemos incrementar los precios?					
Subtotal					

Matriz de Ponderación		
21 a 25	Excepcional	La oportunidad es excepcional, con un potencial significativo para generar un impacto positivo sustancial en el negocio.
16 a 20	Muy Favorable	La oportunidad es muy positiva y ofrece un considerable potencial para el crecimiento y el éxito del negocio.
11 a 15	Moderada	La oportunidad tiene un potencial razonable para generar beneficios, pero puede requerir esfuerzos adicionales para maximizar su impacto.
6 a 10	Limitada	La oportunidad tiene un potencial limitado y puede ofrecer beneficios menores en comparación con otras oportunidades.
5	Desafiante	La oportunidad presenta desafíos significativos y puede tener un impacto mínimo en el crecimiento o éxito del negocio.

OPORTUNIDADES	CALIFICACIÓN				
	5	4	3	2	1
	Exepcional	Muy Favorable	Moderada	Limitada	Desafiante
INFRAESTRUCTURA					
¿Podemos usar recursos más baratos para lograr los resultados esperados?					
¿Existen recursos claves que podemos usar de los socios de negocio?					
¿Existen recursos recursos clave que son sub-utilizados?					
¿Tenemos propiedad intelectual que no ha sido aprovechada?					
¿Podemos estandarizar actividades clave?					
¿Podemos incrementar la eficiencia en general?					
¿El soporte de TI para nuestras actividades es eficiente?					
¿Existen oportunidades de outsourcing?					
¿Una mejor colaboración con socios de negocio nos permitiría enfocarnos mejor en nuestro negocio?					
¿Existen oportunidades de venta cruzada con nuestros socios de negocio?					
¿Los canales de nuestros socios de negocio pueden ayudarnos a alcanzar a nuestros clientes?					
¿Nuestros socios de negocio complementan nuestra oferta?					
Subtotal					

Matriz de Ponderación		
49 a 60	Excepcional	La oportunidad es excepcional, con un potencial significativo para generar un impacto positivo sustancial en el negocio.
37 a 48	Muy Favorable	La oportunidad es muy positiva y ofrece un considerable potencial para el crecimiento y el éxito del negocio.
25 a 36	Moderada	La oportunidad tiene un potencial razonable para generar beneficios, pero puede requerir esfuerzos adicionales para maximizar su impacto.
13 a 24	Limitada	La oportunidad tiene un potencial limitado y puede ofrecer beneficios menores en comparación con otras oportunidades.
12	Desafiante	La oportunidad presenta desafíos significativos y puede tener un impacto mínimo en el crecimiento o éxito del negocio.

OPORTUNIDADES	CALIFICACIÓN				
	5	4	3	2	1
	Exepcional	Muy Favorable	Moderada	Limitada	Desafiante
INTERFASE CON EL CLIENTE					
¿Cómo nos beneficiamos de un mercado en crecimiento?					
¿Podemos atacar nuesvos segmentos de mercado?					
¿Podemos ofrecer un mejor servicio con base en una mejor segmentación de mercado?					
¿Podemos mejorar la efectividad y eficiencia del canal?					
¿Podemos integrar de una mejor manera nuestros canales?					
¿Podemos encontrar nuevos canales complementarios de nuestros socios de negocio?					
¿Podemos incrementar nuestros márgenes por un servicio directo a nuestros clientes?					
¿Podemos alinear de una mejor manera los canales con los segmentos de nuestro mercado?					
¿Existe potencial para mejorar el seguimiento a los clientes?					
¿Podemos estrechar nuestras relaciones con nuestros clientes?					
¿Podemos mejorar la personalización de nuestros servicios?					
¿Podemos incrementar nuestra eficiencia mejorando los costos?					
¿Identificamos clientes que no son rentables?					
¿Necesitamos mejorar algunas relaciones con nuestros clientes?					
Subtotal					

Matriz de Ponderación		
57 a 70	Excepcional	La oportunidad es excepcional, con un potencial significativo para generar un impacto positivo sustancial en el negocio.
43 a 56	Muy Favorable	La oportunidad es muy positiva y ofrece un considerable potencial para el crecimiento y el éxito del negocio.
29 a 42	Moderada	La oportunidad tiene un potencial razonable para generar beneficios, pero puede requerir esfuerzos adicionales para maximizar su impacto.
15 a 28	Limitada	La oportunidad tiene un potencial limitado y puede ofrecer beneficios menores en comparación con otras oportunidades.
14	Desafiante	La oportunidad presenta desafíos significativos y puede tener un impacto mínimo en el crecimiento o éxito del negocio.

Identifica de los cuantro grandes rubros, cuál obtuvo el mayor puntaje. Sobre ese rubro, enlista las oportunidades con mayor valor, y sobre ellas desarrolla un plan de acción.

Cuando te menciono un plan de acción me refiero a lo siguiente: desarolla las respuestas a las preguntas con mayor potencial (valor numérico). Identifica las actividades que deberías ejecutar. Define un límite de tiempo. Organiza las actividades en un checklist. Toma acción. Trata de avanzar todos los días, por muy poco que sea el avance.

No te preocupes si no tienes todas las respuestas, o no tienes la posibilidad de ejecutar todas las acciones que has generado. El objetivo principal es que identifiques los conceptos de los cuatro grandes rubros y te empieces a familiarizar con ellos. Es importante que comprendas en dónde estás parado/a, cuál es el punto de partida. Por ello iniciamos con esta pequeña evaluación antes de entrar de lleno al Modelo/Esquema.

A continuación te presento dos ejercicios más.

El primero es una breve matriz de evaluación de amenazas. En este caso es muy importante que las tengas presentes y las tomes en cuenta. También son cinco parámetros a calificar sobre los mismos grandes rubros.

El segundo es un Assessment General que considera los mismos cuatro grandes rubros para ser calificados de forma simple con valores entre el 1 y el 10, describiendo en los extremos los aspectos tanto positivos como negativos de los conceptos para que elijas hacia dónde se inclinan tus consideraciones.

AMENAZAS	CALIFICACIÓN				
	5	4	3	2	1
	Crítica	Peligrosa	Moderada	Parcial	Insignificante
PROPUESTA DE VALOR					
¿Existen productos substitutos y servicios disponibles?					
¿Los competidores tratan de ofrecer mejor valor y precio?					
COSTO/RETORNO DE INVERSIÓN					
¿Nuestros márgenes estan amenazados por los competidores?					
¿Dependemos en exceso de un solo producto?					
¿Existen productos que tienden a desaparecer de nuestra oferta?					
¿Existen costos que se pueden volver impredecibles?					
¿Existen costos que se pueden crecer con mayor rapidez que las ganancias?					
INFRAESTRUCTURA					
¿Podemos enfrentar una ruptura en la provisión de ciertos recursos?					
¿La calidad de nuestros recursos esta amenazada de alguna manera?					
¿Existen actividades claves que pueden ser afectadas?					
¿Estamos en peligro de perder socios de negocio significativos?					
¿Nuestros socios de negocio podrían colaborar con la competencia?					
¿Dependemos en exceso de algún socio de negocio?					
INTERFASE CON EL CLIENTE					
¿Nuestro mercado puede ser saturado en un corto plazo?					
¿Nuestros competidores estan ganando nuestra posición de mercado?					
¿Qué tan frecuente los clientes cambian de proveedor?					
¿Se ha intensificado la competencia en nuestro mercado?					
¿Nuestros competidores amenazan nuestros canales?					
¿Nuestros canales corren peligro de convertirse en irrelevantes para nuestros clientes?					
¿Alguna de nuestras relaciones con los clientes esta en peligro o se ha deteriorado?					

Matriz de Ponderación	
Crítica	La amenaza es excepcional, con un potencial significativo para terminar con el negocio.
Peligrosa	La amenaza es muy negativa y representa un riego considerable para el éxito del negocio.
Moderada	La amenaza tiene un potencial razonable para generar impactos negativos, pero puede resolverse con esfuerzos adicionales para mitigar su impacto.
Parcial	La amenaza tiene un potencial limitado y puede ofrecer problemas menores en comparación con otras amenazas.
Insignificante	La amenaza puede tener un impacto mínimo en el crecimiento o éxito del negocio.

Assessment

Positivo (afirmación)	10	9	8	7	6	5	4	3	2	1	Negativo (afirmación)
PROPUESTA DE VALOR											
Nuestra proposición de valor esta alineada con las necesidades del cliente.											Nuestra proposición de valor no esta alineada con las necesidades de nuestros clientes.
Nuestra proposición de valor tiene un efecto de red poderoso.											Nuestra proposición de valor no tiene un efecto de red.
Existen sinergias fuertes entre nuestros productos y servicios.											No existen sinergias entre nuestros productos y servicios.
Nuestros clientes estan totalmente satisfechos.											Tenemos quejas frecuentemente.
COSTO/RETORNO DE INVERSIÓN											
Nos beneficiamos de fuertes márgenes de ganancia.											Nuestros márgenes son pobres.
Nuestro ROI es predecible.											Nuestro ROI es impredecible.
Tenemos ventas frecuentes											Tenemos ventas esporádicas.
Nuestros ingresos estan diversificados											Dependemos de un solo ingreso.
Nuestros ingresos son sustentables.											Nuestra sustentabilidad es cuestionable.
Recolectamos ingresos antes de incurrir en gastos.											Incurrimos en grandes costos antes de recolectar ingresos.
Nos ocupamos de los clientes que realmente pagan.											Fallamos en ocuparnos en atender a los clientes que realmente pagan.
Nuestro mecanismo de pricing aprovecha toda la capacidad de pago de los clientes.											Nuestro mecanismo de pricing deja dinero en la mesa.
Nuestros costos son predecibles.											Nuestros costos son inpredecibles.
Nuestra estructura de costos se alinea con nuestro modelo de negocios.											Nuestra estructura de costos esta desalineada con nuestro modelo de negocios.
Nuestras operaciones son eficientes en términos de costos.											Nuestras operaciones son ineficientes en términos de costos.
Nos beneficiamos de economías de escala.											No participamos en economías de escala.

POSITIVO · NEGATIVO

DEJEMOS DE HACERNOS P3ND3J0S!

Assessment

DEJEMOS DE HACERNOS P3ND3J0S!

POSITIVO	10	9	8	7	6	5	4	3	2	1	NEGATIVO
INFRAESTRUCTURA											
Nuestros recursos clave son difíciles de replicar para nuestros competidores.											Nuestros recursos clave son fáciles de replicar para nuestros competidores.
Los recursos que necesitamos son predecibles.											Los recursos que necesitamos no son predecibles.
Desarrollamos recursos clave en la cantidad y tiempo adecuados.											Tenemos problemas con el desarrollo de recursos clave en la cantidad y tiempo adecuados.
Ejecutamos eficientemente actividades clave.											Ejecutamos ineficientemente actividades clave.
Nuestras actividades clave son difíciles de copiar por la competencia.											Nuestras actividades clave son fáciles de copiar por la competencia.
La calidad de la ejecución es alta.											La calidad de la ejecución es baja.
El balance entre horas en casa vs. Outsourcing es ideal.											La carga de ejecución de actividades es desproporcionada.
Trabajamos con socios de negocio cuando es necesario.											No enfocamos adecuadamente la necesidad para trabajar con socios de negocio.
Tenemos buenas relaciones de trabajo con socios de negocio.											Tenemos conflictos en las relaciones de trabajo con socios de negocio.
INTERFASE CON EL CLIENTE											
El rating de éxito entre prospectos y proyectos es alto.											El rating de éxito entre prospectos y proyectos es bajo.
Los clientes se encuentran correctamente segmentados.											Los clientes no se encuentran segmentados.
Constantemente se adquieren nuevos clientes.											Fallamos en conseguir nuevos clientes.
Nuestros canales son eficientes.											Nuestros canales son ineficientes.
El alcance de nuestro canal es fuerte entre los clientes.											El alcance de nuestro canal es débil entre los clientes.
Los clientes perciben fácilmente nuestros canales.											Los prospectos perciben difícilmente nuestros canales.
Nuestros canales están fuertemente integrados.											Nuestros canales no están integrados.
Los canales están alineados con los segmentos definidos.											Los canales no están alineados con los segmentos definidos.
Contamos con fuertes relaciones con los clientes.											Tenemos relaciones débiles con los clientes.
Nuestra marca es fuerte.											Nuestra marca es débil.

Cuarta Parte

Cuarta Parte
Introducción al Modelo/Esquema

Adopta y adapta el esquema que te permita navegar con éxito dentro del mundo laboral. El concepto tradicional de una carrera lineal y predecible ha dado paso a una nueva era de autogestión y creatividad profesional.

Explora cómo se integra el concepto del modelos de negocio al diseño y desarrollo de tu propia carrera profesional. Al igual que una empresa identifica sus segmentos de clientes, propuestas de valor y canales de distribución, tú también tendrás la oportunidad de analizar y definir los elementos clave que impulsarán tu éxito profesional.

Entiende los conceptos al aplicar el esquema a una oportunidad de negocio. Aprovecha las matrices para identificar el grado de riesgo.

El Modelo es un organismo vivo, cada componente es inter-dependiente y parte fundamental del funcionamiento.

Usa los conceptos complementarios y ponte en acción.

En resumen:
Entramos de lleno al Modelo/Esquema.
Utilizalo como un mapa. Haz el esquema de tu carrera profesional.
Desarrolla los ejercicios. No importa si nos son casos reales.
¡Ya deja de hacerte pendejo/a y ponte en acción!

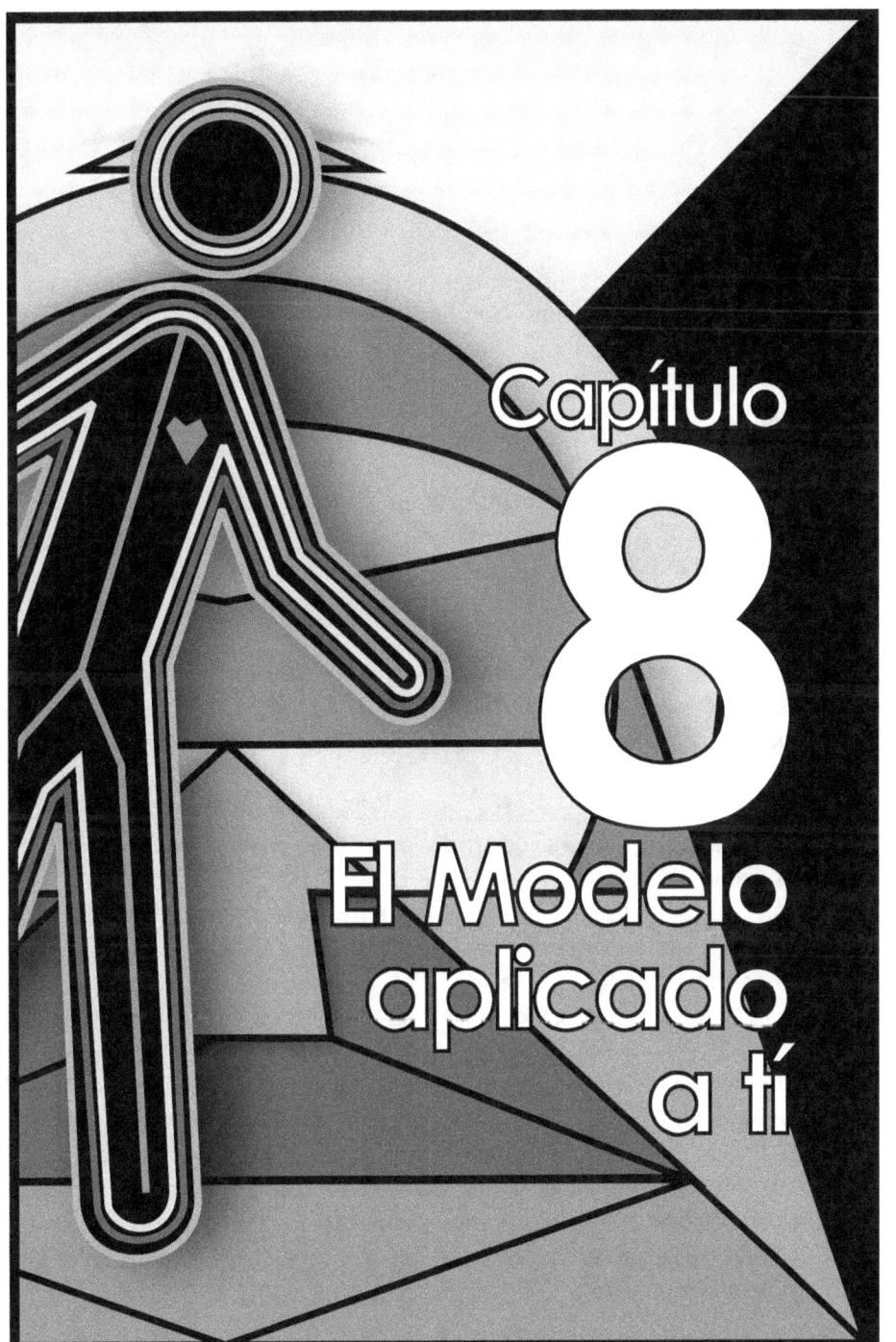

Capítulo

8

El Modelo
aplicado
a tí

Capítulo 8. El Modelo aplicado a tí.

"Correr riesgos es mejor que vivir con remordimientos."- Mark Zuckerberg.

La descripción del modelo.

El objetivo del esquema, es representar de manera gráfica los elementos que integran un modelo que ayuda a definir de una manera simple y ordenada la interacción de conceptos que contemplan el camino para desarrollar una oferta de valor. En otras palabras, una oportunidad de negocio.

Las posibilidades de aplicación pueden ser muy variadas, ya que la claridad en la estructura del esquema permite desarrollar casos de negocio y análisis que van desde un perfil individual hasta el análisis de toda una empresa.

A pesar de visualizar en primera instancia una combinación de líneas y colores que parece complicada, la división en niveles progresivos permite al usuario ir paso a paso, en un avance gradual sobre las definiciones pertinentes.

Para desarrollar un esquema de principio a fin, no necesitas ser un experto en desarrollo de negocios. El modelo está diseñado para ser aplicado por cualquier persona interesada en analizar los componentes de una oferta de valor. En resumen, es posible definir el esquema en tres grandes temas: el primero se refiere a quién eres. En el segundo, qué es la oferta, qué ofreces. El tercero, a quién se beneficia.

El esquema que he diseñado está conformado por 9 Niveles. Cada uno de ellos integra definiciones que en su conjunto permiten establecer una guía. Como primer ejercicio, necesito que respondas a cada pregunta en el espacio de la siguiente página. El enfoque es tu actividad laboral, tu carrera profesional actual. Lo que se te venga a la mente. Te darás cuenta de cómo evolucionan tus respuestas conforme vas avanzando en la integración de la información del esquema.

		Nivel
BENEFICIARIO	¿Quién se beneficia de tu aporte?	Nivel 9
INTERACCIÓN	¿A quién ayudas? ¿Cómo llegas a ellos?	Nivel 8
HABILITACIÓN	¿Cómo habilitas tu aporte?	Nivel 7
VALOR	¿Cuál es tu aporte?	Nivel 6
VALOR	¿Cómo ayudas?	Nivel 5
INTERCAMBIO	¿Qué das? ¿Qué recibes?	Nivel 4
INSUMOS	¿Qué ofreces?	Nivel 3
ACTIVIDAD	¿A qué te dedicas?	Nivel 2
IDENTIDAD	¿Quién eres?	Nivel 1

DEjEMOS DE HACERNOS P3ND3JOS!

El esquema se construye gradualmente conforme vas avanzando al encontrar respuestas que permiten ampliar tu autoconocimiento. La relación entre cada nivel se enfatiza en las figuras definidas. Algunas tienen mayor relación que otras, inciden de manera diferente, pero a final de cuentas el esquema tiene que visualizarse como una sola unidad inter-relacionada en donde cualquier modificación en un elemento influye en todo el sistema.

El esquema inicial (el individual) está enfocado en ti. Tú eres la marca. Lo puedes aplicar en el análisis del rol que actualmente desempeñas en tu trabajo.

A continuación describimos cada uno de los niveles que integran el esquema individual:

Nivel 1. Identidad. ¿Quién eres?
Puede ser una pregunta abrumadora, pero empecemos por incluir en esta definición tus intereses, tus habilidades, tu personalidad y conocimiento. Es la base del esquema, el punto de entrada y tal vez el aspecto que demanda más tiempo y dedicación.

Nivel 2. Actividad. ¿A qué te dedicas?
Aquí necesitas describir cuáles son las tareas críticas que desarrollas en tu trabajo. Pueden ser tareas físicas o intelectuales. Más allá de enlistar todo lo que haces, piensa en aquellas actividades que distinguen a tu ocupación de otras.

Nivel 3. Insumos. ¿Qué ofreces?
Tú tienes recursos tangibles e intangibles, como tu experiencia profesional, tus contactos, etc. También tienes talentos naturales innatos. Las habilidades y talentos que has adquirido a través de la práctica y el estudio.

Nivel 4. Intercambio. ¿Qué das?
Aquí nos referimos a los costos, eso que tú das a tu trabajo. Pueden ser tiempo, energía, dinero. También puedes considerar otro tipo de costos no tangibles o blandos, como stress, enojo, no-satisfacción, etc. Un ejemplo de estos costos puede ser lo que inviertes en tu vestimenta para trabajar, lo

que gastas en internet en casa cuando haces home-office, lo que gastas cuando socializas con algún cliente.

Nivel 4. Intercambio. ¿Qué recibes?
Aquí describes lo que recibes como beneficio en contraparte a lo que das. Pueden ser todos los beneficios materiales, desde salario, cualquier prestación, y también existen beneficios blandos, como satisfacción, reconocimiento, contribución social, etc.

Nivel 5. Valor. ¿Cómo ayudas?
Este constituye uno de los dos niveles centrales del modelo, y se refiere a tu "Oferta de Valor". En la primera parte es necesario reflexionar sobre el trabajo para el que te contrató tu cliente. ¿Tienes claro para qué actividad clave a desarrollar estás contratado/a?

Nivel 6. Valor. ¿Cuál es tu aporte?
Es esta segunda parte de los niveles central es del modelo, es primordial entender qué valor agregas al hacer la actividad para la cual te han contratado.

Nivel 7. Habilitación. ¿Cómo habilitas tu aporte?
Este nivel se refiere a los instrumentos que necesitas utilizar para desarrollar tu actividad con todo el potencial de valor agregado. En la mayoría de los casos se relaciona con material especializado o algún sistema o desarrollo tecnológico que te permite desarrollar tu labor en toda su dimensión.

Nivel 8. Interacción. ¿A quién ayudas y cómo llegas a ellos?
Aquí hablamos de tu propio proceso de mercadeo. Aquí hablamos de cómo te descubren los clientes, cómo se deciden por ti, cuál es el método que usan para comprarte, cómo le das seguimiento a su satisfacción. Otro aspecto importante se refiere a cómo te relacionas con tus clientes, ¿Es por correo electrónico o cara a cara? ¿Es sólo una transacción o es continuo? ¿Te enfocas en la retención de los clientes o en la adquisición de nuevos?

Nivel 9. Beneficiario. ¿Quién se beneficia de tu aporte?
Aquí contemplas a aquellos que pagan directamente por recibir un

beneficio de tu actividad, y también aquellos que se benefician indirectamente aunque no lo paguen directamente ellos. Es decir, si trabajas en una organización, aquí incluyes a las personas que necesitan de tu ayuda para hacer su trabajo, o lo que es lo mismo, tus clientes internos. En este caso es importante que incluyas a tu jefe o supervisor, que a fin de cuentas es quien autoriza que te paguen. Incluye a toda persona a quien reportas.

Como lo mencioné al principio de este capítulo, estoy hablando de un esquema con componentes que están interconectados entre sí, y que se modifican conforme a factores ya sean internos o externos. Ve paso a paso para empezar a llenar la información.

¿A quién ayudo?

¿Qué hago?

¿Quién soy?

La primer pregunta que debes hacerte es qué tan interesado estás en tu trabajo. Si tu respuesta se inclina hacia el no, debes reconsiderar tu propósito, ya que seguramente hay una incongruencia entre quién eres y a qué te dedicas.

Lo siguiente pregunta es identificar si estás dejando de utilizar alguna de tus habilidades principales. En ese caso, eso se ve reflejado necesariamente en una insatisfacción que repercute en tu estado de ánimo y por consiguiente en tu desempeño. Tienes que identificar por qué no usas esa habilidad.

El aspecto a revisar es si la tendencia que identificaste está alineada con tu ambiente de trabajo. Si tu respuesta es negativa, necesitas considerar añadir en tu esquema nuevos clientes (que definimos como las personas a quien ayudas) y gente que te ayuda (que son tus socios de negocio) con tendencias más compatibles a la tuya.

Continuando con tus clientes, ¿los disfrutas? Piensa en tu cliente ideal. ¿Quién es tu cliente más importante? ¿Qué beneficios te aporta? ¿Realmente ayudas a ese cliente a cumplir sus objetivos? ¿Atenderlo te está volviendo loco? ¿No obtienes el beneficio que esperas? ¿Necesitas generar nuevos clientes? ¿Tu cliente tiene claro qué es lo que quiere?

El siguiente aspecto es tu oferta de valor, la parte central del esquema. Que se refiere a ¿Cómo ayudas/aportas? Aquí debes reflexionar si los elementos que aportas son realmente valorados por tu cliente. ¿Tienes claridad sobre lo que el cliente espera de tu actividad? ¿Sabes cuáles son las preferencias de tu cliente en cuanto a la manera en cómo recibe tu ayuda? ¿Sabes si preferiría hacer algún cambio, tal vez una interacción de manera diferente?

Enfatizando aspectos sobre la interacción con tu cliente, ¿cómo te evalúan? ¿Cómo entregas tu producto/servicio? ¿Tu cliente sabe exactamente qué entregas y cómo? ¿A través de qué medios te das a conocer? ¿Cómo puedes llegar a más clientes? ¿Cuál es tu objetivo primordial en cuanto a tus relaciones con clientes: es para retener los que tienes o captar nuevos?

En relación a quién te ayuda, ¿tienes socios de negocio en los que puedes delegar parte de tu actividad? ¿Puedes crear con esos socios nuevas formas de aportar? ¿Si no tienes socios, has pensado en encontrar a alguno? ¿Has pensado en reducir costos integrando alguna habilidad de tu socio de negocios?

En cuanto al intercambio, ¿consideras adecuado lo que recibes en relación a lo que das? ¿Lo que tu cliente interpreta como el valor que tú le das está alineado con tu concepto de ese valor? ¿Consideras que recibes menos de lo que deberías porque estás subestimando tu propio valor? ¿Cuáles son tus costos principales cuando brindas ayuda a tu cliente?

Aquí cabe destacar que es necesario considerar costos blandos como estrés y no-satisfacción, y costos duros como tiempo, energía, dinero.
A continuación, vamos ir paso a paso para integrar la información necesaria con el objeto de completar el esquema.

En la página siguiente, vamos a empezar por lo que ofreces, que corresponde al nivel 3-Insumos. Responde como se indica a las preguntas que aparecen en el recuadro.

INSUMOS

¿Qué es lo que ofreces?

Tus intereses
¿Qué es lo que más te motiva, lo que más te llena de satisfacción en tu carrera profesional?

Tus habilidades
¿Qué es lo que mejor haces, que no te implica esfuerzo, tus habilidades naturales, talentos innatos?
¿Qué es lo que mejor has aprendido y has adquirido con el tiempo?

Tu personalidad
Describe rasgos de tu personalidad (relajado/a, detallista, energético/a, etc.)

Insumos tangibles
Describe aquellos insumos que necesitas para desarrollar tu labor (Vehiculo, herramientas, dinero, ropa especial, etc.)

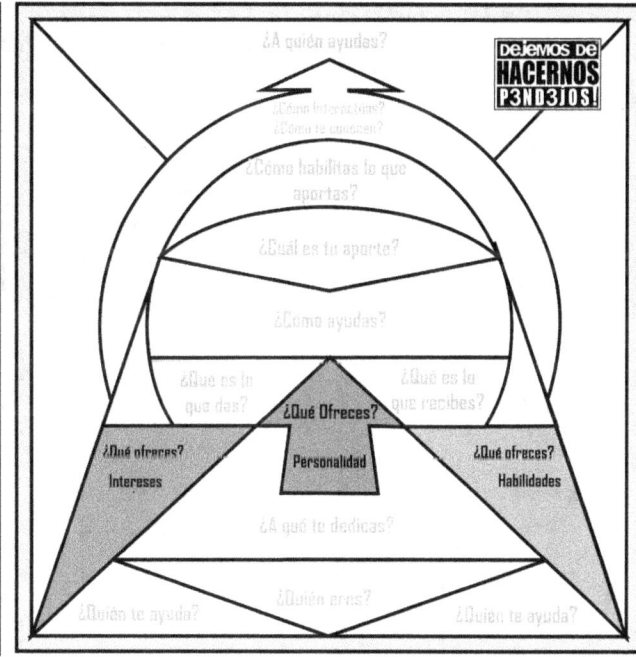

El ejercicio anterior sirve para darnos cuenta de qué tan lejos estamos de nuestra satisfacción laboral. Como ya lo habíamos visualizado, es el punto en donde convergen tus intereses, tus habilidades y tu personalidad. ¿Qué tan lejos estás de ese punto?

El siguiente elemento a identificar son los aspectos relacionados con tus clientes, para lo que debes distinguir entre internos y externos. Adicionalmente, independiente a tu cargo formal, es muy común que desarrolles varios roles dentro de la misma organización. Esto corresponde al Nivel 9-Beneficiario. Para ayudarte con el análisis, responde a las siguientes preguntas:

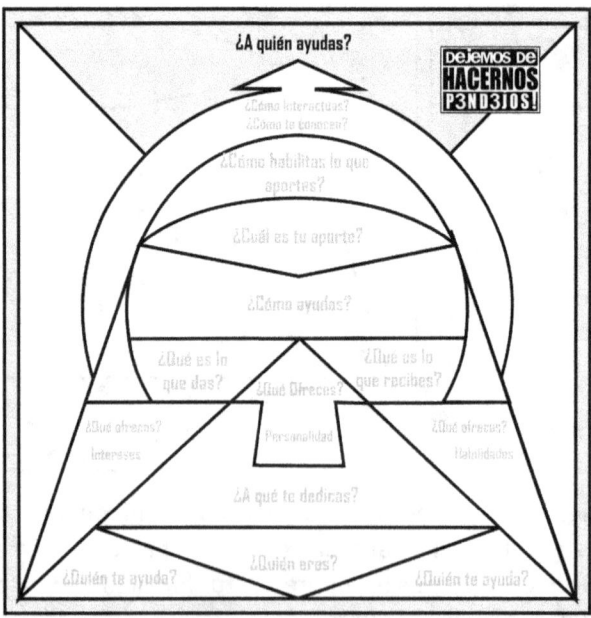

El siguiente aspecto a identificar son las actividades más importantes que realizas para tus clientes. Son aquellas que te distinguen de otros roles dentro de la organización. Aquí hablamos del Nivel 2-Actividad.

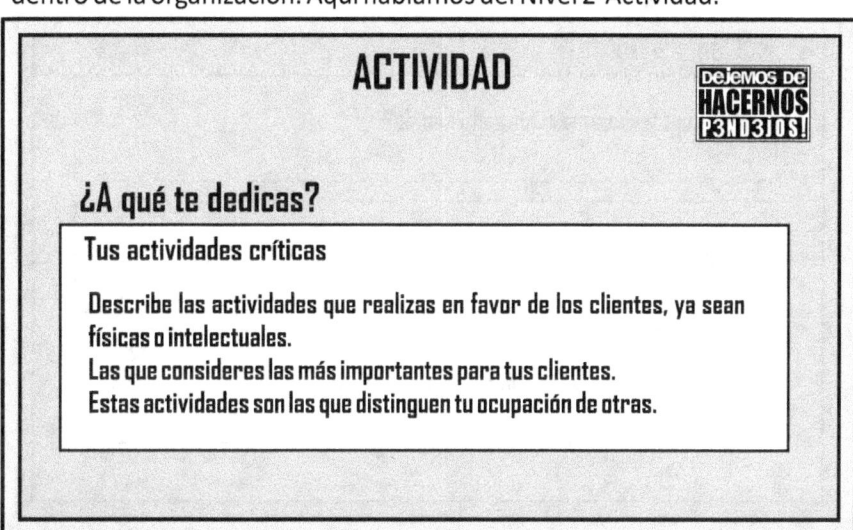

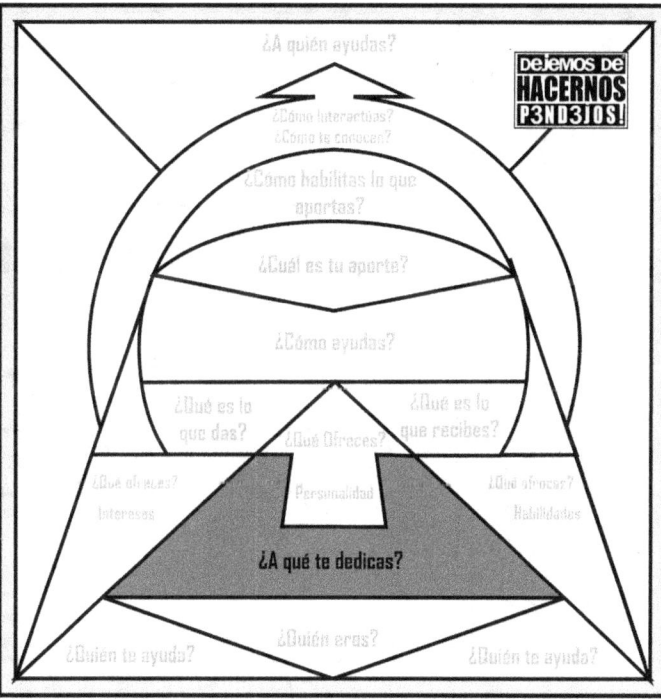

Pasando a los siguientes niveles, las definiciones relacionadas con el valor son fundamentales para entender la importancia de tu aporte para beneficiar a tus clientes. Es imperativo identificar cómo ayudas a tus clientes. Hablo de los Niveles 5 y 6 relacionados al Valor.

VALOR

¿Cómo ayudas?

¿Para qué trabajo me están contratando?

¿Qué beneficios obtienen mis clientes del resultado de mi labor?

¿Cuál es el valor que les proveo a mis clientes?

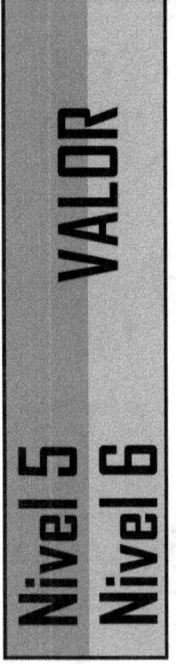

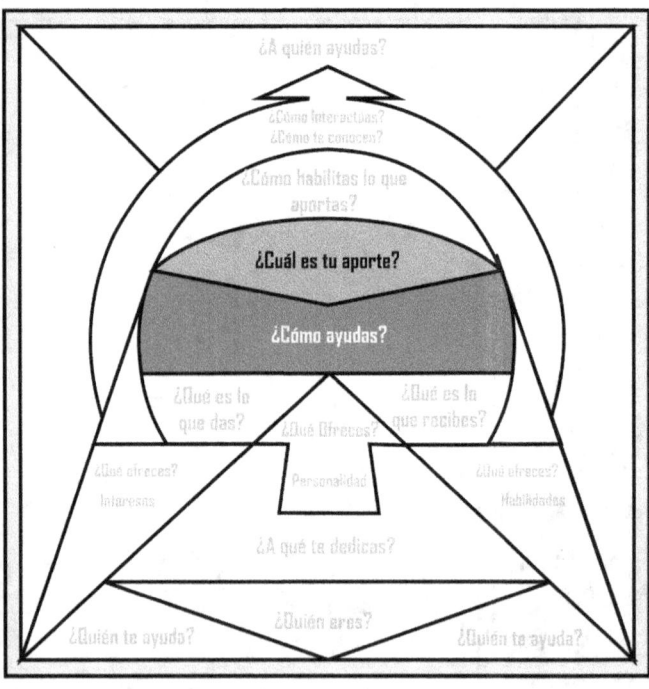

En cualquier modelo de negocios, cadena de valor, definición estratégica, planeación a futuro, es imperativo considerar a la tecnología, y en específico, al desarrollo de programación como un aspecto determinante en el crecimiento, sustentabilidad y éxito de cualquier emprendimiento. Me refiero al Nivel 7-Habilitación.

HABILITACIÓN
¿Cómo te relacionas con la tecnología?

¿Cuál es tu grado de interacción con tecnología?

¿Cuál es tu dependencia para desempeñar tu labor en relación a la tecnología? ¿Es imprescindible?¿Es importante?¿Ni siquiera lo has considerado?

¿Cuál es tu perspectiva sobre una mejora en tu desempeño en relación con la tecnología? ¿Tu mejora depende de una mejora en las herramientas tecnológicas que tienes a tu disposición?

¿Tienes interés en colaborar para mejorar las herramientas tecnológicas que tienes? ¿Te da igual?¿Consideras que no es tu responsabilidad?

¿Cuál es tu perspectiva a futuro en relación con la tecnología?

¿A mediano plazo consideras que tu posición en el trabajo pueda ser remplazada por alguna aplicación tecnológica?

¿Has detectado alguna oportunidad de mejora en un sistema en tu empresa?

¿Existe en tu compañía algún mecanismo para que tengas la posibilidad de aportar ideas de mejora en relación a los sistmas existentes?

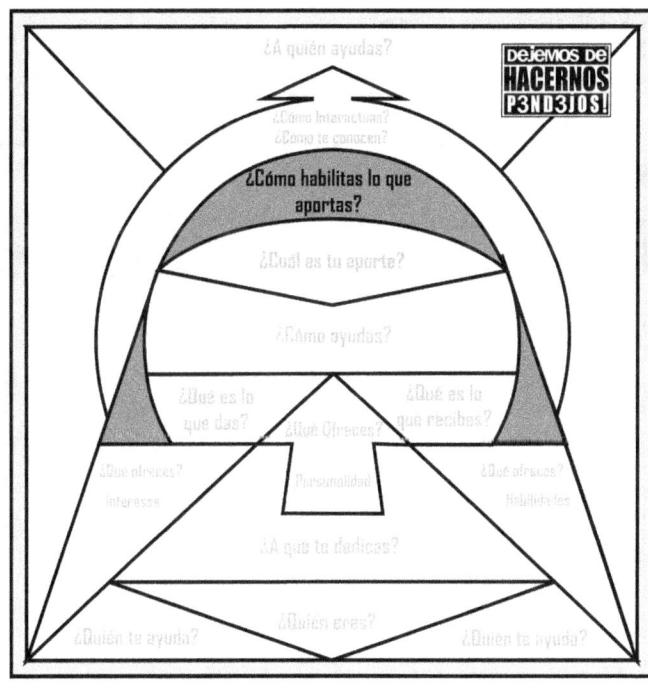

Ahora lo que corresponde es identificar qué tan importantes son aspectos comunes que rigen tu vida. Conocerte a ti mismo/a. Es tan importante que le dediqué exclusivamente un capítulo (5).

El siguiente es el nivel 8-Interacción, y se refiere al marketing en general, pero aplicado en ti. Partimos desde cómo te das a conocer y cuál es la interacción que actualmente estableces con tus clientes.

INTERACCIÓN
¿Cómo llegas a tus clientes?

DEJEMOS DE **HACERNOS** P3ND3IOS!

¿Cómo te conocen?

¿Cómo descubren tus clientes potenciales tus servicios?

¿Cómo deciden comprarte tus servicios?

¿Cómo compran tus servicios?

¿Cómo entregas lo que tus clientes te compran?

¿Cómo te aseguras de que los clientes queden satisfechos?

¿Cómo te das a conocer?

¿Cómo interactúas con tus clientes?

¿Qué tipo de comunicación utilizas? Es personal, por correo, telefónica?

¿Tus relaciones se basan en una sola transacción o es un servicio continuo que requiere de más contacto?

¿En qué te enfocas, en crecer tu número de clientes o en satisfacer a los clientes que ya tienes?

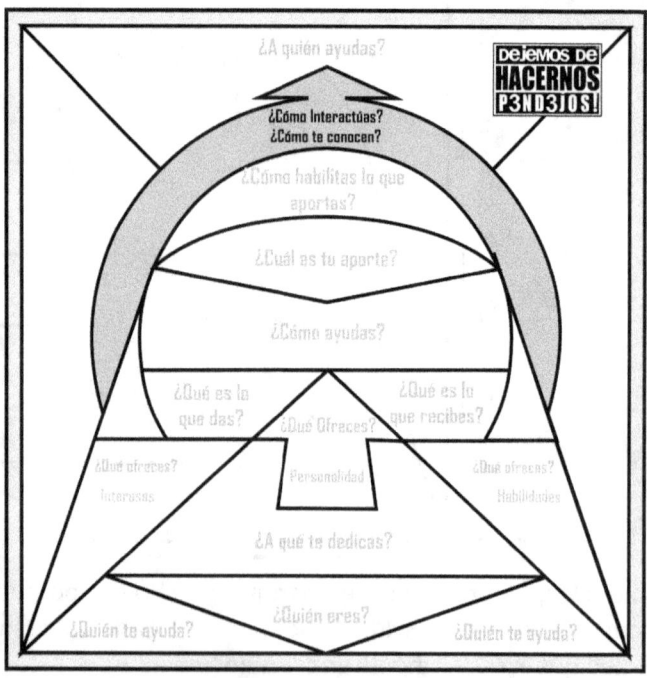

identifica quien te ayuda, es decir, quiénes son tus socios de negocio.

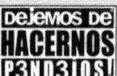

IDENTIDAD

¿Quién te ayuda?

Socios de Negocio

Indica quienes son tus socios de negocio.

Los socios de negocio son aquellas personas que te ayudan a realizar tu trabajo. Pueden proveerte de motivación, consejo y oportunidades para crecer.

Puedes incluir colegas o mentores en tu trabajo, incluso familia o amigos, asesores o miembros de tu red profesional.

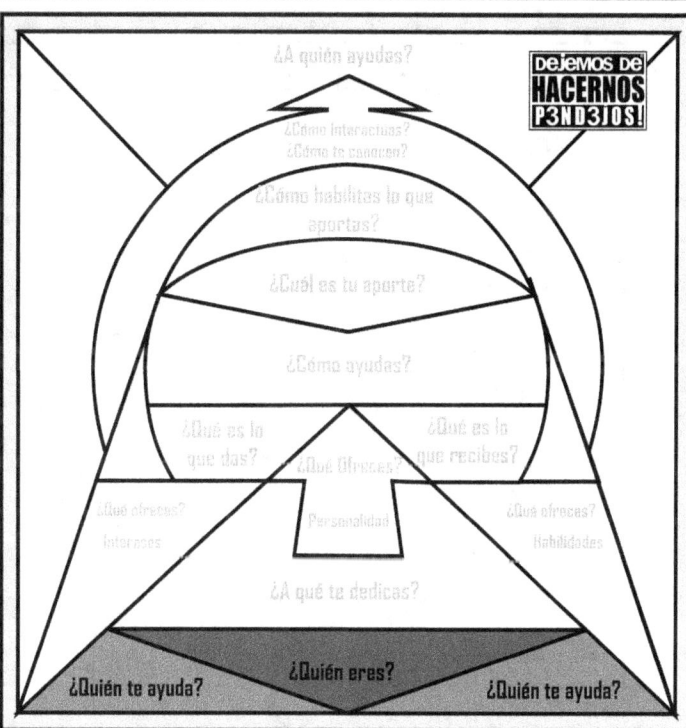

El intercambio, que corresponde al nivel 4. Y no es estrictamente material el asunto. Puede haber aspectos intangibles que inclinan la ecuación en un sentido contrario a lo que podríamos pensar. Por eso es importante contemplar todas las variables. Identificar todos los elementos. Tener toda la información. Responde a las preguntas que se indican.

INTERCAMBIO

DeJeMOS DE **HACERNOS P3ND3J0S!**

¿Qué das y qué recibes?

¿Qué es lo que das?

Indica qué es lo que le das al trabajo (tiempo, energía, dinero, etc.) mensualmente.

Indica los costos que no te re-embolsan (entrenamientos, vehículo, ropa, transportación, internet en casa, etc.).

¿Qué es lo que recibes?

Indica cuáles son tus percepciones (Beneficios monetarios como salario, comisiones, etc.) mensualmente.

Incluye todos tus beneficios (Seguro de gastos médicos, programas de retiro, etc.)

Intangibles

Incluye los costos no tangibles (stress, terapias, enfermedades, etc.).

Incluye cuáles son tus beneficios no tangibles (satisfacción, reconocimiento, contribución social, etc.)

MONETÍZALO

El resultado de lo que recibes menos lo que das al mes es de: $_____

Con base en tus percepciones, lo que vales para la empresa es: $_____

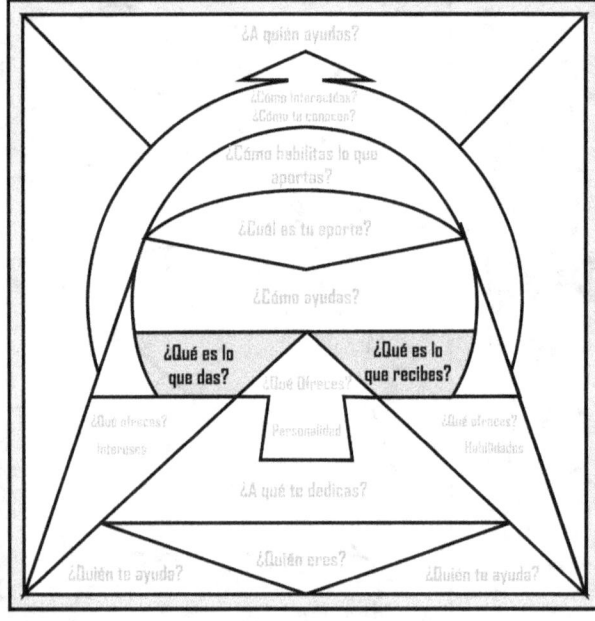

Nivel 4 — INTERCAMBIO

¿A quién ayudas?

¿Cómo interactúan? ¿Cómo te conocen?

¿Cómo habilitas lo que aportas?

¿Cuál es tu aporte?

¿Cómo ayudas?

¿Qué es lo que das?

¿Qué Ofreces?

¿Qué es lo que recibes?

¿Qué ofreces? Intereses

Personalidad

¿Qué ofreces? Habilidades

¿A qué te dedicas?

¿Quién eres?

¿Quién te ayuda?

¿Quién te ayuda?

Al final de este recorrido por los niveles del esquema, tienes la posibilidad de complementar la definición que te solicité al principio de este capítulo. Tendrás confirmaciones y diferencias que te permiten establecer un mejor juicio sobre tu situación laboral actual y los siguientes pasos que deberás tomar. Llena la siguiente tabla identificando los cambios. Qué agregaste y qué quitaste en relación a tus definiciones iniciales.

		Agregar +	Quitar -
BENEFICIARIO	¿Quién se beneficia de tu aporte?		
INTERACCIÓN	¿A quién ayudas? ¿Cómo llegas a ellos?		
HABILITACIÓN	¿Cómo habilitas tu aporte?		
VALOR	¿Cuál es tu aporte?		
VALOR	¿Cómo ayudas?		
INTERCAMBIO	¿Qué das? ¿Qué recibes?		
INSUMOS	¿Qué ofreces?		
ACTIVIDAD	¿A qué te dedicas?		
IDENTIDAD	¿Quién eres?		

Capítulo

9

El Modelo
aplicado
al negocio

Capítulo 8. La aplicación hacia el negocio.
Una herramienta para planear efectivamente.

Puedo imaginar la clave del éxito, pero lo que sí conozco es la clave del fracaso: tratar de darle gusto a todo el mundo.

Esta es la historia de un ex-empleado de corporativo global de buen nivel, que tuvo la inquietud de emprender un negocio con sus ahorros y su liquidación después de haber sido despedido. Gracias a las recomendaciones de un compadre, decidió invertir en la importación de juguetes didácticos desde China, sin saber realmente del tema. Estaba seguro que había encontrado una excelente oportunidad y no la iba a dejar pasar.

Hizo su investigación en la web. Identificó los productos, los precios, quienes vendían en su país en ese momento, y procedió a contactar a una agencia que le recomendó un primo para que le ayudara a ubicar al fabricante Chino que le iba a mandar el producto.

Estaba muy contento porque le habían cotizado unos precios increíblemente bajos, lo que en su mente significaba mayores ganancias, superando totalmente sus expectativas. Ya se imaginaba festejando en algún lugar paradisiaco. Incluso se había adelantado y aprovechando sus contactos, ubicó a prospectos con excelente potencial para que compraran sus productos.

La pesadilla inició cuando el embarque se retrasó casi tres meses por un problema de falta de contenedores que se generó por la pandemia de Coronavirus en los puertos Chinos. En ese lapso el precio de los productos cambió al menos tres veces, incrementándose en un 30% aproximadamente. Con todo y el incremento, el negocio seguía sonando atractivo.

Cuando finalmente llegó la mercancía a puerto nacional, se dio cuenta de que tenía que invertir en cuestiones legales que hacían falta para liberar productos que necesitaban cumplir reglas aduanales adicionales, gracias a

no asesorarse adecuadamente. Aquí se llevaron otro par de meses en los que adicional al gasto en permisos pendientes, tuvo que pagar por el almacenamiento del producto en aduana. Con todo este retraso, sobra mencionar lo mal que ya había quedado con los posibles clientes que había "amarrado".

Después de un viacrucis, el producto llegó a una bodega que había improvisado en la azotea de un vecino. Como él ya lo tenía prácticamente vendido, pensó que no necesitaba el espacio. Cuando revisó el producto, se dio cuenta de que había faltantes por no asegurarse en las unidades de medida (gramos vs. libras).

Había diferencias en otros productos, y no llegaron al menos un 5% del total. Resulta que el producto no cupo en la bodega improvisada, así que tuvo que meter material a su cochera, lo que implicó sacar uno de sus vehículos a la calle, el cuál fue robado a los pocos días que estuvo afuera de su casa.

Tampoco contempló los gastos de transporte, el sueldo de ayudantes para cargar el producto, ni el gasto para conseguir a los clientes, ya que tuvo que pagar por promoción, porque los prospectos originales ya no quisieron saber nada de él después de no tener el producto disponible durante los 6 meses que duró el martirio de la logística.

Como no era suficiente con la publicidad contratada, tuvo que pedir ayuda a vendedores profesionales en el campo de juguetes didácticos, lo que implicó un gasto adicional que se destinó a pagar comisiones por ventas.

Tampoco contempló un catálogo de productos, y mucho menos una clasificación de los mismos, lo que complicó las entradas y salidas de las bodegas, que a final de cuentas representó una pérdida de entre el 15% y el 20% entre extravíos y robos hormiga.

Durante todo este tiempo, esta persona tuvo que ir drenando la inversión para solventar sus gastos primarios, ya que tampoco contempló su salario dentro de los gastos operativos. Es decir, el impacto de su manutención salió directamente de la posible ganancia. Tardó casi diez meses en deshacerse literalmente de todo el producto. A final de cuentas tuvo que vender sus automóviles y pedir un préstamo personal para liquidar todos los gastos.

Una historia real, cruda y con mucho que aprender. Y no estoy hablando de personas ignorantes. Este es un ejemplo de un ejecutivo de alto nivel que tiene amplios conocimientos y experiencia en ciertos ámbitos del mercado dentro de un ecosistema corporativo, pero que subestimó el asesorarse, el planear y el administrar.

Ponderó el status y la teoría sobre la práctica, y fracasó rotundamente. Total, era un negocio que no tenía ciencia.

Cuando tuve oportunidad de analizar este caso, fui en conjunto con él, registrando los niveles del esquema uno a uno, haciendo énfasis en los números. Al final generé un ejercicio con las variables reales, y la sorpresa fue que aun así daba como resultado un beneficio económico aceptable.

Eso fue un golpe de realidad muy duro, ya que si se hubiera asesorado, si hubiera planeado y si hubiera ejecutado con control, el resultado hubiera sido diametralmente opuesto. Y si su abuelita hubiera tenido ruedas, sería bicicleta. ¡Olvídate del hubiera! ¡Dejemos de hacernos pendejos!

Claro, existen variables que nunca vamos a controlar. Aquí el tema es mitigar el riesgo. Reducirlo al máximo. Identificarlo. Tenerlo presente. Estar preparado para la eventualidad.

En resumen y a primera vista, nuestro amigo debió contemplar un rubro específico para los gastos operativos y desglosarlos con el mayor detalle posible.

No consideró actividades de control y administración que corresponden a los procesos involucrados en la operación. Desestimó a equipos de personas que tienen el conocimiento y la experiencia para colaborar en temas especializados.

138

Explicación	Protagonista	Niveles	Esquema

Esquema (diagram labels): CLIENTE, Medios, Administración del Cliente, Automatización, Características, Oferta de Valor, Pricing, Costos, Recursos Materiales, Procesos de Soporte, Recursos Financieros, Recursos de Control, Procesos Críticos, Key Partners, Recursos Humanos, Organización, Stakeholders

Niveles: Nivel 9, Nivel 8, Nivel 7, Nivel 6, Nivel 5, Nivel 4, Nivel 3, Nivel 2, Nivel 1

Protagonista:
- Venta
- Tecnología
- Producto
- Dinero
- Personas

Explicación:

Se refiere a la relación con el cliente.
La manera en cómo se define la interacción y el segmento del mercado al que se dirige la oferta. Es el elemento que cierra el esquema.

Este elemento tiene tal relevancia que recorre más de la mitad del esquema.

El corazón del esquema es el producto.
Parte de la definición del producto, donde se incluye la ventaja competitiva y los elementos necesarios para su control.

En el esquema, el recurso financiero llega al centro del modelo. Este es un elemento medular que va a impulsar el negocio.
Se refiere al dinero. Inversión, costos y precios.

La base del esquema, es lo que va a soportar todo el negocio.
Se refiere a las personas, cómo las vas a organizar y qué van a hacer.

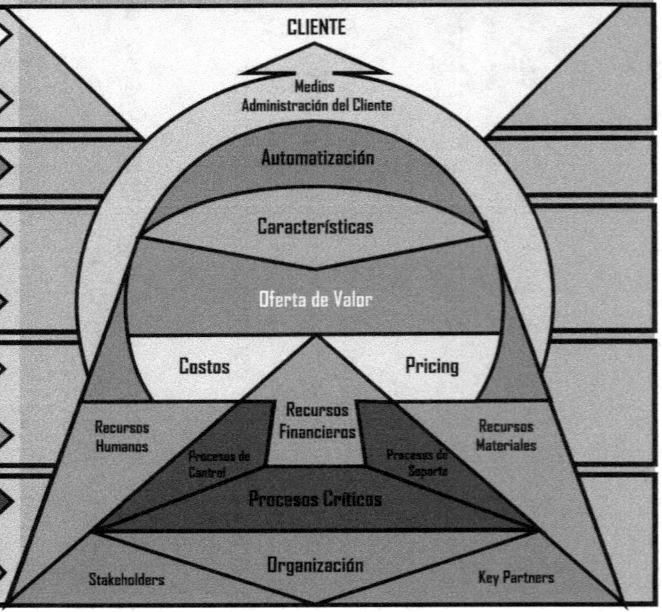

Acompáñame a recorrer el Modelo/Esquema, contemplando el escenario para evaluar una oportunidad de negocio.

Nivel 1.

El primer paso es identificar a los roles que intervienen en el negocio. En otras palabras, todas aquellas personas dedicadas a actividades específicas que van a colaborar para hacer realidad la oportunidad. El objetivo es cuantificar la ayuda que necesitas identificando los roles necesarios para llevar a buen término el negocio.

IDENTIDAD

Dejemos de HACERNOS P3ND3JOS!

Experiencia
- ☐ Tengo un negocio de comercialización y quiero crecer.
- ☐ Ocasionalmente he hecho negocios de compra y venta.
- ☐ Alguna vez intenté vender algo y no me fue bien.
- ☐ Nunca he vendido nada y me interesa aprender.

Tipo de Negocio
- ☐ Soy productor y me interesa vender lo que produzco.
- ☐ Compro producto nacional y me interesa distribuirlo.
- ☐ Me interesa comprar productos extranjeros y venderlos.
- ☐ Tengo identificada una oportunidad pero no sé nada de comercializar.
- ☐ Me interesa buscar financiamiento para desarrollar una oportunidad de negocio.

Roles Participantes

Número de Personas que necesitas involucrar por rol		Soy yo mismo	Trabaja en mi empresa	Lo contrato por fuera	Trabaja por Comisión	No lo pienso Considerar
	Comprador	☐	☐	☐	☐	☐
	Abogado/Gestor	☐	☐	☐	☐	☐
	Agencia Aduanal	☐	☐	☐	☐	☐
	Contador	☐	☐	☐	☐	☐
	Almacenaje	☐	☐	☐	☐	☐
	Transporte	☐	☐	☐	☐	☐
	Entrega	☐	☐	☐	☐	☐
	Promoción	☐	☐	☐	☐	☐
	Ventas	☐	☐	☐	☐	☐
	Diseño de Producto	☐	☐	☐	☐	☐
	Seguridad	☐	☐	☐	☐	☐
	Otro	☐	☐	☐	☐	☐
TOTAL						

Socios de Negocio Claves
- ☐ Proveedor de materia prima.
- ☐ Proveedor de mano de obra.
- ☐ Proveedor de Asesoría Especializada.
- ☐ Entidad Certificadora
- ☐ Otra aportación.
- ☐ No es necesario.

Inversionistas
Número de Inversionistas: [   ]
Monto Total de la Inversión [   ]

También se consideran a los proveedores clave, de cualquier tipo, que aportan elementos indispensables para la ejecución de la oportunidad. Por supuesto que es importante incluir a los inversionistas y su correspondiente aportación. Recuerda, contempla los roles. No necesariamente un rol corresponde a una sola persona. Incluso tú puedes desempeñar varias actividades críticas para la oportunidad. El punto es

contabilizarlas. Darles un valor. Si quieres verlo de una manera más simple, asignarles un sueldo. Aunque seas tú.

Se trata de obtener el verdadero valor de la operación de la oportunidad. Es el costo de la operación. Este es uno de los errores más comunes que se cometen. No se contemplan costos operativos porque las actividades las desarrollas tú, o tu familiar, o tu amigo. De dónde crees que va a salir el dinero para pagarlos. Todo tiempo dedicado se traduce en dinero gastado.

En este nivel existen tres tipos de personas que contribuyen en el desarrollo de la oportunidad:
Inversionistas: son las personas y/o entidades que te aportan dinero.
Socios de Negocio Claves: son las personas y/o entidades que aportan materia prima o algún servicio clave.
Organización: las personas que ejecutan los roles principales en el desarrollo de la oportunidad de negocio.

Nivel 2.

El siguiente aspecto a considerar son las actividades. En el paso anterior ya definiste a tu plantilla, tu organigrama.

Aquí vas a definir tus actividades (procesos). Lo fundamental es identificar cada paso que debes ejecutar. No importa si lo haces tú, tu equipo o alguien externo.

Es algo crítico el no dejar de ver sobre todo las actividades de mayor importancia. Esas actividades más importantes, van a formar parte de tu cadena de valor. Pero, ¿por qué es tan importante esa cadena? Porque ahí se define tu ventaja. Lo que te hace diferente a la competencia. Es la diferencia entre vender o no vender. Así de simple.

ACTIVIDAD

Clasificación de Actividades (Procesos)

En este nivel es muy importante que consideres las actividades que tienes contempladas para ejecutar tu oportunidad, independientemente de quien las vaya a realizar. Te vamos a ayudar a identificar las más importantes para que visualices tu Cadena de Valor. Esto ayuda a incrementar tu probabilidad de éxito.

	Es Crítica	Es Administrativa	Es de Soporte	No la Considero
Compras	☐	☐	☐	☐
Gestoría Legal	☐	☐	☐	☐
Importación	☐	☐	☐	☐
Codificación/Clasificación	☐	☐	☐	☐
Contabilidad	☐	☐	☐	☐
Almacenaje	☐	☐	☐	☐
Administración Inventarios	☐	☐	☐	☐
Transporte	☐	☐	☐	☐
Entrega de Producto	☐	☐	☐	☐
Publicidad y Promoción	☐	☐	☐	☐
Generación de Contenidos	☐	☐	☐	☐
Ventas	☐	☐	☐	☐
Diseño de Producto	☐	☐	☐	☐
Cobranza	☐	☐	☐	☐
Atención a Cliente	☐	☐	☐	☐
garantía y Soporte	☐	☐	☐	☐
Otro	☐	☐	☐	☐

Nivel de Riesgo

Bajo/Medio/Alto

El omitir cualquier actividad crítica dentro de la clasificación de actividades incrementa el riesgo de fracaso.

Cadena de Valor

Este concepto lo empleamos para identificar el conjunto de actividades críticas que conforman la operación que permitirá hacer realidad tu oportunidad de negocio.

En este nivel del esquema hay dos aspectos a resaltar. El primero es, para variar, el dinero. Todo es cuantificable. Imagina un escenario en donde se omite alguna de las actividades críticas, que tienes que agregar de última hora. Te va a salir más caro.

Al final podría afectar tu beneficio total. Tiene el potencial para ser un desastre. El segundo aspecto, es el riesgo. Es muy probable que alguna actividad crítica dependa de un tercero, de un proveedor externo. Aunque lo tengas identificado, esa variable aumenta el riesgo significativamente. No está bajo tu control.

Pero puedes reducir el peligro al definir un plan "B". Incluso un plan "C". Vas a responder más rápido, y sobre todo, vas a gastar menos dinero.

El objetivo de este nivel es identificar las actividades necesarias para llevar a cabo tu negocio. En este nivel existen tres tipos de actividades:
Críticas: *son las más importantes, sin ellas no puedes avanzar.*
Administrativas: *son aquellas que te ayudan a controlar*
Soporte: *son aquellas que complementan a las más críticas. Todas las actividades en su conjunto integran la base operativa que necesitas para ejecutar tu oportunidad de negocio. Es importante tenerlas en cuenta para evitar descontrol y por consecuencia fugas de dinero.*

Nivel 3.

Siempre será recomendable revisar minuciosamente los recursos que necesitas. Más aún si son especializados. Por supuesto, si te generan una diferencia en el mercado. El recurso central, por supuesto, es el financiero. Dinero. La lana.

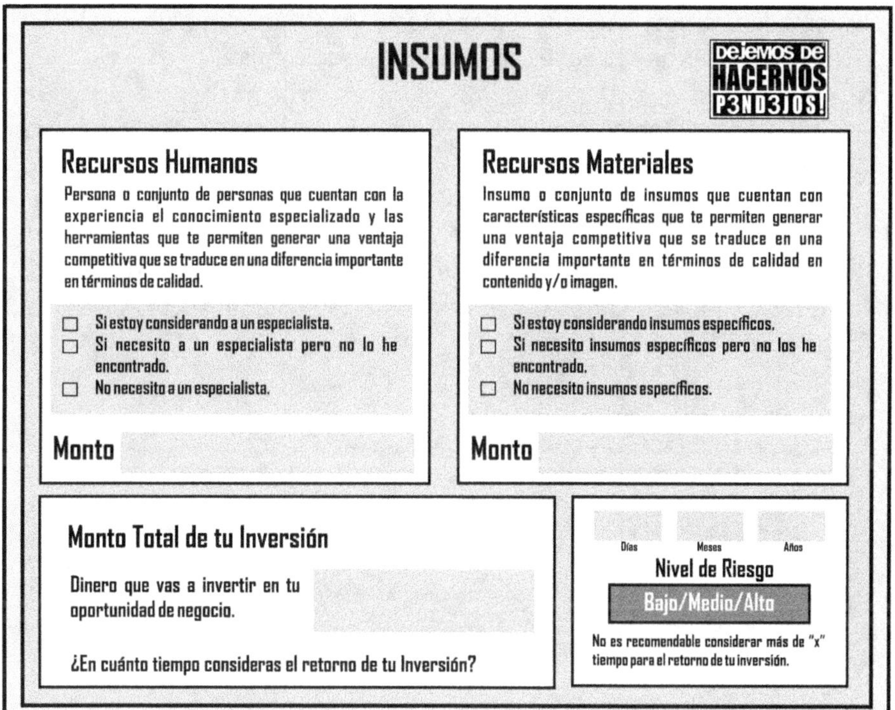

INSUMOS

Recursos Humanos

Persona o conjunto de personas que cuentan con la experiencia el conocimiento especializado y las herramientas que te permiten generar una ventaja competitiva que se traduce en una diferencia importante en términos de calidad.

- ☐ Si estoy considerando a un especialista.
- ☐ Si necesito a un especialista pero no lo he encontrado.
- ☐ No necesito a un especialista.

Monto

Recursos Materiales

Insumo o conjunto de insumos que cuentan con características específicas que te permiten generar una ventaja competitiva que se traduce en una diferencia importante en términos de calidad en contenido y/o imagen.

- ☐ Si estoy considerando insumos específicos.
- ☐ Si necesito insumos específicos pero no los he encontrado.
- ☐ No necesito insumos específicos.

Monto

Monto Total de tu Inversión

Dinero que vas a invertir en tu oportunidad de negocio.

¿En cuánto tiempo consideras el retorno de tu Inversión?

Días   Meses   Años

Nivel de Riesgo

Bajo/Medio/Alto

No es recomendable considerar más de "x" tiempo para el retorno de tu inversión.

El objetivo de este nivel es ubicar los recursos necesarios para llevar a cabo tu negocio. En este nivel existen tres tipos de recursos:

Financieros: *es el dinero que piensas invertir, independiente a su origen (propio, inversionista, préstamo, etc.)*

Humanos: *son aquellas personas que debes considerar para que se involucren en las actividades especializadas.*

Materiales: *son aquellos insumos adicionales a la materia prima para complementar la oportunidad. Aquí podemos identificar desde material de oficina hasta empaque de producto en caso de necesitarlo.*

Aquí identificamos todo un tema. Independiente del cálculo del total de lo que piensas invertir, tienes que definir en cuánto tiempo estimas que retorne tu inversión.

Es complicado. A veces la respuesta parece que se relaciona con una bolita mágica que nos ayuda a predecir el futuro. Sí necesitas tener en mente varios escenarios. Incluso si consideras prácticamente un hecho la oportunidad porque ya tienes un compromiso de compra.

Existen imponderables que nadie se imagina. No hay una receta que nos permita evitar esos inconvenientes. Recuerda, el tiempo es el único activo que no se recupera.

Es un factor determinante para medir qué tan buena es tu oportunidad. Si es retorno no llega como lo esperas, si no lo contemplas, puede ser el principio del fin.

Nivel 4.

Con la información previa ya es posible calcular los costos. Aquí te recomendamos darte un margen adicional para que puedas maniobrar en caso de alguna contingencia. Recuerda siempre, el riesgo no se elimina pero si es posible reducirlo.

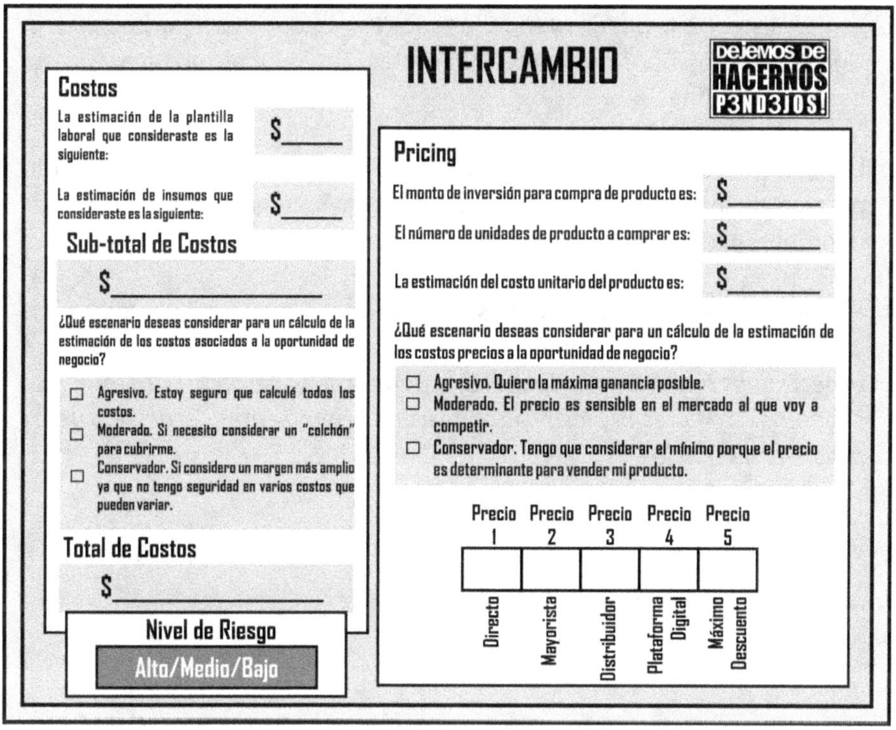

INTERCAMBIO **DeJemos De HACERNOS P3ND3JOS!**

Costos

La estimación de la plantilla laboral que consideraste es la siguiente: $_____

La estimación de insumos que consideraste es la siguiente: $_____

Sub-total de Costos

$_____

¿Qué escenario deseas considerar para un cálculo de la estimación de los costos asociados a la oportunidad de negocio?

☐ Agresivo. Estoy seguro que calculé todos los costos.
☐ Moderado. Si necesito considerar un "colchón" para cubrirme.
☐ Conservador. Si considero un margen más amplio ya que no tengo seguridad en varios costos que pueden variar.

Total de Costos

$_____

Nivel de Riesgo
Alto/Medio/Bajo

Pricing

El monto de inversión para compra de producto es: $_____

El número de unidades de producto a comprar es: $_____

La estimación del costo unitario del producto es: $_____

¿Qué escenario deseas considerar para un cálculo de la estimación de los costos precios a la oportunidad de negocio?

☐ Agresivo. Quiero la máxima ganancia posible.
☐ Moderado. El precio es sensible en el mercado al que voy a competir.
☐ Conservador. Tengo que considerar el mínimo porque el precio es determinante para vender mi producto.

Precio 1	Precio 2	Precio 3	Precio 4	Precio 5
Directo	Mayorista	Distribuidor	Plataforma Digital	Máximo Descuento

---

Es un tema muy delicado, polémico e históricamente desestimado. La definición de los precios. En teoría ya contemplaste todos los costos asociados. Pero el escenario se complica desde que solicitas cotizar el producto, en caso de que lo compres de un fabricante. El punto es asegurarse de la unidad de venta. En otras palabras, que te coticen realmente lo que solicitas y cómo lo requieres.

Y sí, soy muy enfático en este sentido. Porque en múltiples ocasiones he sido testigo de confusiones por no considerar los mismos términos entre fabricante y comprador. Diferencias culturales. Idioma. Prisas.

Improvisación. Tú lo pediste en kilogramos y te lo cotizan en libras, y nadie se dio cuenta. Imagina el desastre.

Hay otro aspecto básico. La política de precios.

Y no se trata solamente de fijar un precio con base en lo que pretendes ganar y listo. No le puedes vender a todos tus prospectos al mismo precio. Nos referimos a tipos de clientes diferentes. No es lo mismo un mayorista que el cliente final.

Las plataformas digitales son otro segmento muy particular por el gran porcentaje que te cobran. Incluso, te conviene manejar descuentos diferentes para tener elementos para una negociación.

El objetivo de este nivel es consolidar todos y cada uno de los costos asociados a la oportunidad de negocio y determinar con base en expectativas reales la correspondiente ganancia, generando para tal efecto sugerencias de precios clasificadas en listas dependientes del destino de los productos/servicios.

Nivel 5.

Llegamos a la parte central, la oferta de valor. El producto. Te sorprendería saber cuántos casos hay de personas que se involucran en una oportunidad sin conocer el producto que pretenden comercializar. Por muy simple que sea. Al menos necesitas saber tres factores. Su grado de innovación. Cómo mejorar el desempeño en el mercado en el que se encuentra. Y qué tan personalizable es.

VALOR

Dejemos De HACERNOS P3ND3IOS!

Nivel de Conocimiento del Producto
¿Qué nivel de conocimiento tienes del producto que pretendes comercializar?

- ☐ Domino el producto. Conozco de primera mano todas sus características.
- ☐ Lo conozco de manera superficial. Nunca lo he tenido en mis manos, he leído sus descripciones técnicas-comerciales.
- ☐ Me lo recomendaron, no he tenido acceso a descripciones técnicas-comerciales.
- ☐ No lo conozco pero estoy seguro que va a ser un éxito.

Nivel de Innovación del Producto
¿Qué grado de innovación consideras que tiene el producto que pretendes comercializar?

- ☐ No existe una oferta similar en el mercado. Satisface toda una nueva serie de necesidades para nuestros clientes.
- ☐ Existen ofertas similares, pero tenemos ventajas competitivas que nos distinguen de la competencia.
- ☐ No identifico alguna diferencia con la competencia salvo las condiciones comerciales que podamos ofrecer.
- ☐ No me importa. ya tengo a mi comprador asegurado.

Nivel de Desempeño y Personalización del Producto
¿En qué grado consideras que tu mejora un desempeño standard del mercado o qué tan personalizable puede ser?

- ☐ Mi producto mejora considerablemente los estándares existentes del mercado.
- ☐ Mi producto es totalmente personalizable conforme a los requerimientos específicos del cliente.
- ☐ Mi producto cumple con los estándares del mercado.
- ☐ Mi producto difícilmente cumple con los estándares del mercado pero es personalizable.
- ☐ Mi producto no es personalizable.
- ☐ No me importa, ya tengo a mi comprador asegurado.

En teoría estás involucrado en una oportunidad de negocio porque identificaste alguno de los tres factores que mencioné. Y nuevamente hablo de riesgos. La ignorancia en la oferta de valor es directamente proporcional al grado de riesgo en la oportunidad.

En este nivel implica un análisis y una estrategia. Tal vez suena rimbombante, pero es necesario. No existen productos que se venden solos. No existen compradores que te van a buscar, así estés escondido,

para comprarte. No existen vendedores que sólo levanten el teléfono para cerrar la venta. No. No. Y no.

Toda vez que dominas tu producto, tienes que definir cuál va a ser la manera de impulsarlo, posicionarlo y ofrecerlo. El mensaje aquí es que no des las cosas por hechas. Tienes que invertir tiempo y esfuerzo en definir tu estrategia.

Cuando piensas en comercializar un producto, no le das tanta importancia a este aspecto. El control. Pero cuando empieza a crecer tu cantidad de modelos, variables, el escenario puede volverse un caos si no lo organizas adecuadamente desde el principio.

Por ello, la experiencia me ha obligado a definir fichas técnicas que especifican las características de los productos.

El objetivo de este nivel es identificar el valor que identifican los clientes en relación al producto que quieres comercializar. ¿Cuál es el valor que entregas a tus clientes? Los problemas que resuelves con tu producto. En resumen, los beneficios que ofreces a tus clientes.

Nivel 6.

A este tipo de información le añado códigos de producto que me ayuden a describir características. Adicionalmente, agrego fotos y ya tengo la base para controlar el movimiento. ¿A qué me refiero? Con estos datos, puedes ubicar el producto en un inventario.

CONTROL

Dejemos de HACERNOS P3ND3JOS!

Clasificación y Descripción

La correcta definición del producto conforme a estándares de clasificación comerciales permite controlar e incrementar el número de productos dentro de un inventario.

Ficha Técnica   PRODUCTO #1

Negocio	Nivel 1	Nivel 2	Nivel 3

Descripción del Producto:

Medidas: Descripción Compuesta
Color:
Peso:
Unidad de Venta:

Codificación

Código Generado

Para generar un código de producto te recomendamos la siguiente nomenclatura:

Iniciales   Número Consecutivo   Color

Fotos de Producto

Es fundamental controlar al 100% las entradas y las salidas para evitar pérdidas. Puedes usar la base del descriptivo para la facturación. Generas catálogos impresos. Habilitas catálogos digitales para venta. Puedes subir la información a páginas en la web. Usarla para plataformas digitales.

Te va a ahorrar muchos recursos si lo haces bien desde la primera vez. Por eso considero crítico el dar de alta productos correctamente.

El objetivo de este nivel es generar la información necesaria para garantizar el control administrativo del producto que quieres comercializar. Una Ficha Técnica será el documento por medio del que se garantiza una clasificación que facilite la logística del producto. El objetivo es hacer lo más eficiente posible la operación al evitar re-trabajos, mejorar tiempos de respuesta y evitar pérdida de producto.

Nivel 7.

No se necesitan grandes recursos para tener orden. No hacen falta los grandes sistemas. Es cuestión de organización y sentido común. Ten en cuenta que todos estos esfuerzos impactan positivamente en la evaluación final de la oportunidad.

En todo momento te estás jugando la rentabilidad de la misma. Existe una amplia oferta relacionada con productos tecnológicos que puedes aprovechar para potencializar tus oportunidades de negocio.

Es tal la influencia y la diferencia que representa una correcta aplicación tecnológica, que integra un nivel exclusivo dentro de nuestro esquema.

HABILITACIÓN

DEJEMOS DE HACERNOS P3ND3JOS!

Automatización

Se aprovecha al máximo una automatización si o si se llega a garantizar una estructuración adecuada de los datos, independiente a el tamaño o tipo de sistema que se proponga.

Catálogo Digital

Código Generado

Descripción Compuesta

Precio Normal   **Precio Descontado**

Política de Precios

Precio 1	Precio 2	Precio 3	Precio 4	Precio 5
Directo	Mayorista	Distribuidor	Plataforma Digital	Máximo Descuento

---

No hablo de inversiones millonarias. Es cuestión de ubicar alternativas accesibles que te permitan facilitar el control de tus activos y la gestión de tus actividades.

Y para aprovechar al máximo las inversiones tecnológicas, es indispensable contar con una base de información estructurada y organizada, como ya lo has revisado en los niveles anteriores del esquema.

El objetivo de este nivel es aprovechar la información que se ha organizado y estructurado para poder explotarla en algún sistema de información, ya sea comercial (ERP) o un desarrollo propio.

Hablo de automatizar procesos sustantivos, lo que facilita enormemente tareas operativas diarias que se traducen en ventajas competitivas al posibilitar toma de decisiones en tiempo real. La base siempre será una buena estructura de datos desde el principio.

Nivel 8.

En este nivel del esquema hablo de dos grandes aspectos. El primero se refiere a cómo llegas hacia tus clientes. Los medios por los cuales te descubren y te compran. El segundo tiene que ver con el tipo de comunicación que vas a establecer.

El objetivo de este nivel es identificar los medios por medio de los cuales llegarás a tus clientes potenciales. Adicionalmente, se definen las estrategias para definir la administración del tipo de relación que se decida establecer con los clientes.

INTERACCIÓN
¿Cómo llegas a tus clientes?

¿Cómo te conocen?

¿Cómo descubren tus clientes potenciales tus servicios?

¿Cómo deciden comprarte tus servicios?

¿Cómo compran tus servicios?

¿Cómo entregas lo que tus clientes te compran?

¿Cómo te aseguras de que los clientes queden satisfechos?

¿Cómo te das a conocer?

¿Cómo interactúas con tus clientes?

¿Qué tipo de comunicación utilizas? Es personal, por correo, telefónica?

¿Tus relaciones se basan en una sola transacción o es un servicio continuo que requiere de más contacto?

¿En qué te enfocas, en crecer tu número de clientes o en satisfacer a los clientes que ya tienes?

Nivel 9.

En determinadas circunstancias es posible generar esquemas en donde se construyen perfiles del cliente con base en definiciones basadas en el conocimiento específico de costumbres, actitudes y comportamientos derivados de la interacción.

El objetivo de este nivel es identificar el perfil de tus prospectos.

BENEFICIARIO

¿A quién ayudas?

El mapa del cliente te permite analizar con mayor detalle el perfil de tus clientes. De una forma simple y concreta es posible construir perfiles para desarrollar estrategias y ejecutar acciones con mejores resultados.

Mapa del Cliente

¿Qué piensa?¿Qué siente?
Preocupaciones
Aspiraciones
Lo que realmente le importa

¿Qué es lo que escucha?
Lo que dice su jefe
Lo que dicen sus amigos
Lo que dicen quienes tienen influencia

¿Qué es lo que ve?
Ambiente
Amigos
Perspectiva del Mercado

¿Qué es lo que dice y hace?
Su actitud en publico
Su apariencia
Su comportamiento ante los demás

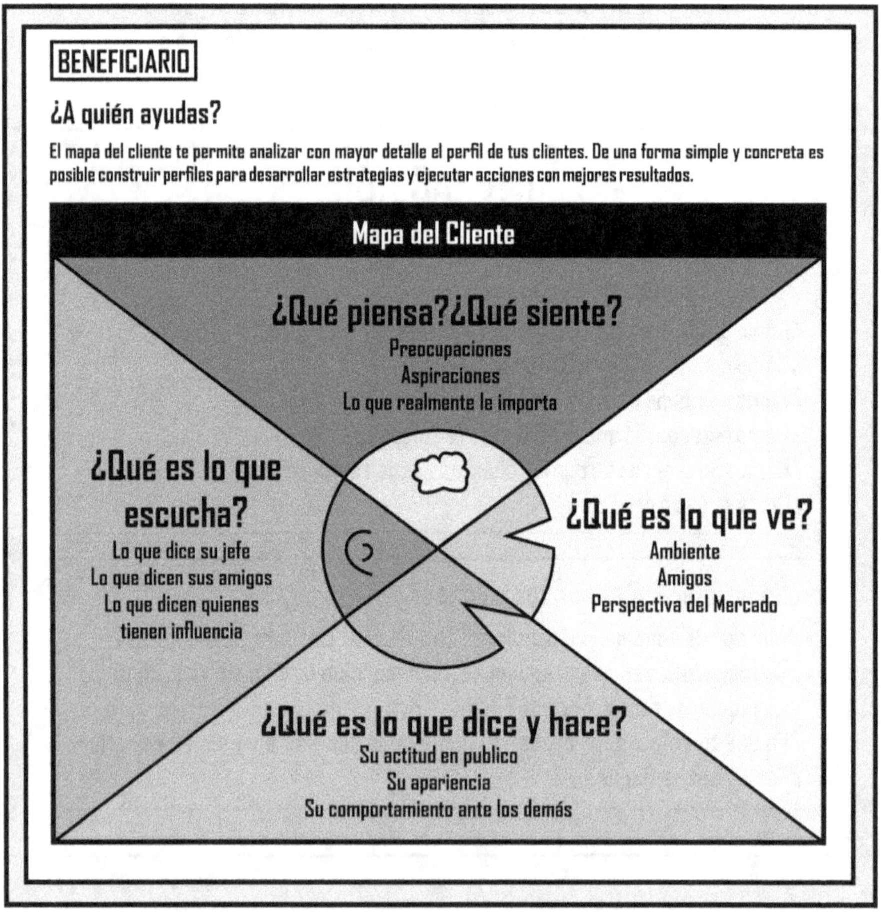

Es extremadamente ambicioso pretender definir algo parecido para cada segmento del mercado en particular, pero te comparto este mapa de empatía, porque es más fácil entender qué es lo que debes tomar en cuenta para formar una idea más clara del perfil de tus prospectos.

Ten presente dos conceptos muy importantes. El primero es cuál es su dolor, ¿qué le duele a tu cliente? ¿Cuáles son sus miedos? ¿Cuáles son sus frustraciones? ¿Cuáles son sus obstáculos? El segundo está relacionado con los beneficios. ¿Qué es lo que quiere? ¿Qué es lo que necesita? ¿Cuál es la medida de su éxito?

El tener claridad sobre estos conceptos te facilita enormemente el desarrollo de una estrategia de venta que te permita lograr tus objetivos.

En primera instancia, parecería que es mucha información para procesarla a las primeras de cambio. He simplificado en la medida de lo posible, todos y cada uno de los 9 aspectos que conforman al esquema para que sea entendible hacia cualquier lector.

Te invito a que lo pruebes. Aplícalo a la idea ganadora que actualmente tienes y no te has atrevido a ejecutar. Consolida los datos. Evalúa.

Si no te animas a hacer tu idea realidad en primera instancia, por lo menos vas a tener un panorama más claro de lo que necesitas contemplar. De lo que se trata es de recabar la mayor cantidad de información posible, para que tomes una decisión fundamentada en evidencia concreta.

Piensa por un momento, ¿cuántas veces has platicado con tus amigos sobre echar a andar un negocio fenomenal y no tienen idea de por dónde empezar? Y se queda en una plática más de tantas que han tenido por el estilo.
¿A cuántos conocidos ubicas que han quebrado negocios familiares que llevaban operando por generaciones, por no re-inventarse y considerar aspectos fundamentales que se describen en el esquema?

¿Cuántas ocasiones has entrado a un negocio, aportando capital, porque el emprendedor te jura que te va a regresar tu dinero con una ganancia, y tú ni siquiera tienes elementos para cuestionar cómo lo piensa lograr?
¿A cuánta gente conoces que se parte el lomo todos los días y no logra obtener lo que podría conforme a sus posibilidades, porque trabajan a prueba y error, sin método, sin análisis, sin guía? Espero ahorrarte con este material, todas las caídas que yo sufrí, para que tengas el éxito que estás esperando.

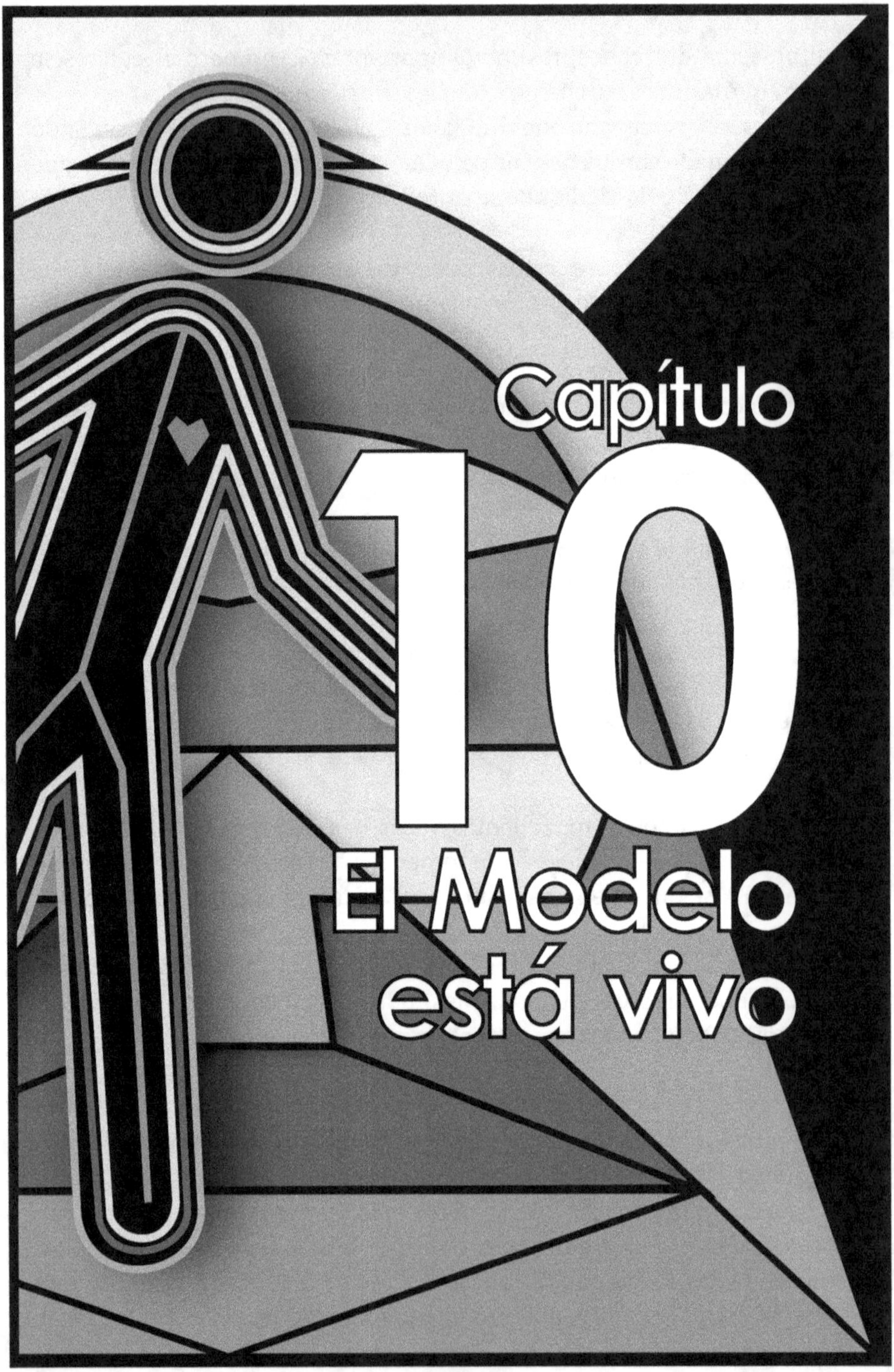

10

El Modelo está vivo

Capítulo 5. El modelo de negocio es un organismo vivo. ¡Cuídalo!

"Una empresa es como un organismo vivo: siempre en evolución, siempre en busca de adaptarse a su entorno y siempre en crecimiento."- Reid Hoffman.

Al igual que en un organismo vivo, donde cada célula y órgano cumple una función específica y vital para el funcionamiento del todo, cada departamento, área o empleado en una empresa tiene una función clave que contribuye al éxito general de la organización.

Al igual que en un organismo vivo, cuando una parte de la empresa no está funcionando correctamente, tiene efectos negativos en el desempeño del conjunto.

Por ejemplo, si un departamento no está trabajando eficientemente, esto puede afectar la producción de la empresa y, por lo tanto, su rentabilidad.

Al igual que un organismo vivo, una empresa también necesita alimentarse, en este caso de recursos, inversiones y capital humano, para crecer y desarrollarse adecuadamente.

La empresa necesita cuidado y atención, en forma de liderazgo efectivo, toma de decisiones adecuadas y un ambiente laboral saludable, para asegurar su supervivencia y crecimiento sostenido en el tiempo.

En esta visión holística de la organización empresarial, cada elemento tiene una importancia específica que en su desempeño afecta a todo el organismo.

Mi intención es que reflexiones tomando como ejemplo tu propio cuerpo y las consecuencias de una afectación en alguno de los órganos, sistemas o elementos que se mencionan.

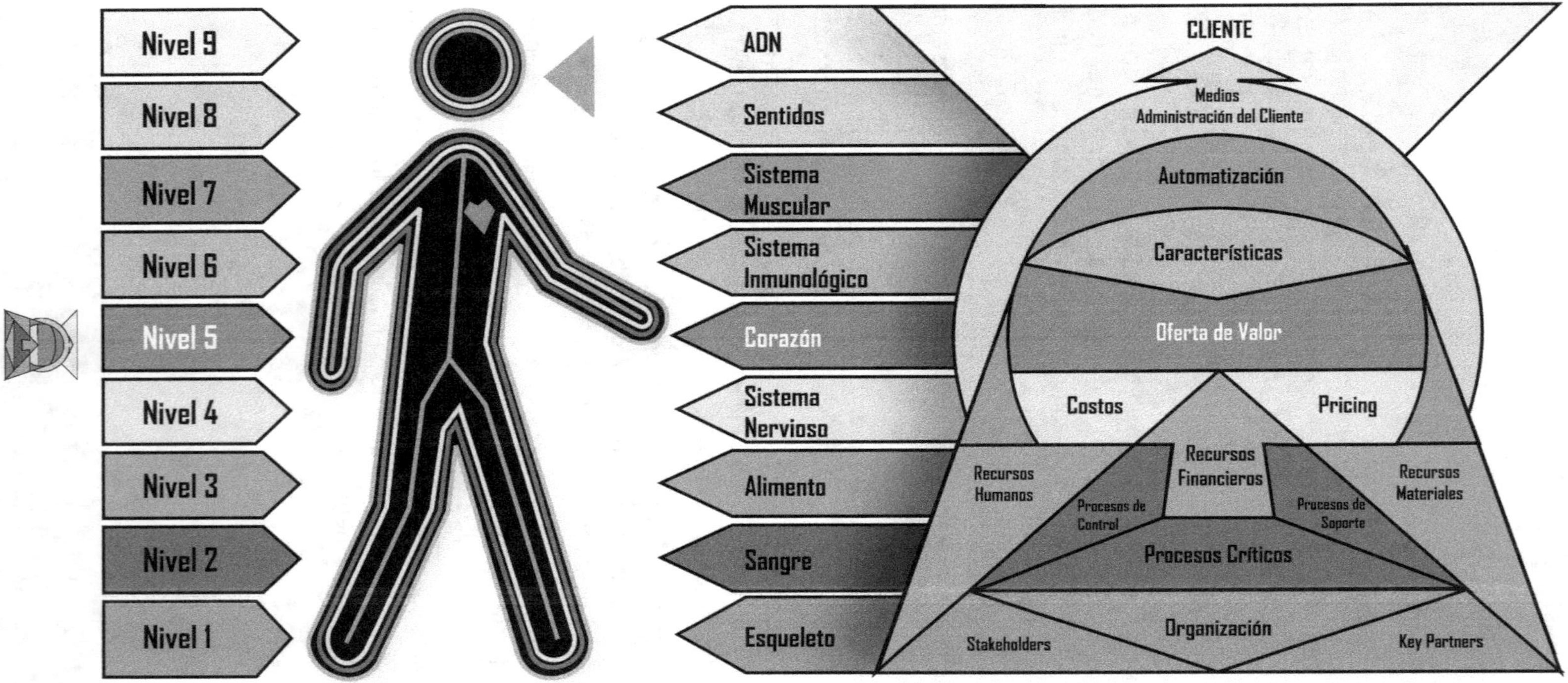

158

CLIENTE

Medios Administración del Cliente
Automatización
Características
Oferta de Valor
Pricing
Costos

Recursos Materiales
Key Partners
Procesos de Soporte
Recursos Financieros
Procesos Críticos
Organización
Procesos de Control
Recursos Humanos
Stakeholders

ADN
Sentidos
Sistema Muscular
Sistema Inmunológico
Corazón
Sistema Nervioso
Alimento
Sangre
Esqueleto

Nivel 9
Nivel 8
Nivel 7
Nivel 6
Nivel 5
Nivel 4
Nivel 3
Nivel 2
Nivel 1

Nivel 9	Beneficiario	¿A quién ayudas?	ADN	Al igual que nuestro ADN es el código genético que nos define y nos hace únicos, los clientes en un modelo de negocio son los individuos que definen y orientan la estrategia y las acciones de la empresa, y que le permiten adaptarse y evolucionar en un entorno cambiante.
Nivel 8	Interacción	¿Cómo llegas a tus clientes?	Sentidos del cuerpo humano	Al igual que nuestros sentidos nos permiten percibir y entender el mundo que nos rodea, el marketing en un modelo de negocio nos permite entender y comunicarnos con nuestros clientes y consumidores, y así adaptar nuestra oferta de valor a sus necesidades y deseos.
Nivel 7	Habilitación	Automatización	Sistema Muscular	Al igual que el sistema muscular nos permite realizar acciones de manera automática y sin esfuerzo consciente, la automatización en un modelo de negocio nos permite realizar tareas de manera automatizada y eficiente, liberando recursos y tiempo para otras actividades.
Nivel 6	Control	¿Cómo mantienes el	Sistema Inmunológico	Al igual que el sistema inmunológico es el encargado de proteger el cuerpo de las enfermedades y las infecciones, el control del producto en un modelo de negocio es la herramienta que nos permite detectar y corregir los problemas y las desviaciones en la operación.
Nivel 5	Valor	¿Cuál es tu oferta de	Corazón	Al igual que el corazón es el motor que impulsa la sangre por todo el cuerpo, la oferta de valor es la propuesta de la empresa que le da sentido y propósito a la operación, y que le permite diferenciarse de la competencia.

Nivel				
Nivel 4	Intercambio	¿Qué das? ¿Qué recibes?	Sistema Nervioso	Al igual que el sistema nervioso es el encargado de coordinar y controlar todas las actividades del cuerpo, los costos en un modelo de negocio son la herramienta que nos permite medir y controlar los gastos y los ingresos, y así asegurarnos de que la empresa esté funcionando de manera rentable.
Nivel 3	Insumos	¿Qué necesitas?	Alimento	Así como nuestro cuerpo necesita nutrientes para funcionar correctamente, un modelo de negocio también necesita de insumos para poder operar de manera efectiva y eficiente.
Nivel 2	Actividad	¿A qué te dedicas?	Sangre	Al igual que la sangre circula por todo el cuerpo, llevando oxígeno y nutrientes a todas las células y tejidos, los procesos en un modelo de negocio es la forma en que se llevan a cabo las actividades y tareas de la empresa, y que permiten que los productos o servicios lleguen a los clientes de manera efectiva y eficiente. Además, al igual que la sangre es el vehículo de la vida para el cuerpo humano, los procesos son el vehículo de la operación para el modelo de negocio.
Nivel 1	Identidad	¿Quién eres?	Esqueleto	Al igual que el esqueleto nos da forma y nos permite movernos y funcionar como un todo coherente, el organigrama en un modelo de negocio nos da estructura y nos permite organizar a las personas en roles y responsabilidades, de manera que la empresa pueda operar de manera coordinada y eficiente.

Nivel 1. Identidad. Es el esqueleto de tu negocio.
En este nivel vamos a identificar que roles y personas son necesarias contemplar para llevar a cabo el negocio.

Nivel 1	Identidad	¿Quién eres?	Esqueleto	Al igual que el esqueleto nos da forma y nos permite movernos y funcionar como un todo coherente, el organigrama en un modelo de negocio nos da estructura y nos permite organizar a las personas en roles y responsabilidades, de manera que la empresa pueda operar de manera coordinada y eficiente.

Había una vez un esqueleto humano llamado Calixto. Era un esqueleto bastante singular, ya que había pertenecido hace muchos años a un famoso acróbata que, gracias a su habilidad para doblarse y contorsionarse, había sido uno de los artistas más populares de su tiempo.

Pero Calixto estaba ahora en un museo de ciencias, rodeado de otros esqueletos y animales disecados. A pesar de que no podía hablar, sentía una gran frustración ya que su vida estaba vacía y aburrida.

Eso cambió cuando un día, durante una visita escolar, un grupo de niños escapó de la vigilancia de su maestra y comenzó a jugar a "esconderse y buscar" en la misma sala del museo.

Uno de los niños, Pepillo, se escondió detrás de un mueble que sostenía la pesada cabeza de un enorme mamut disecado, que estaba al lado de Calixto.

En la desesperación de Pepillo por acomodarse, movió el mueble, el cual se tambaleó y la cabeza del mamut comenzó a caer. Calixto reaccionó con tal rapidez que pudo mover sus huesos para interponerse entre el infante y la cabeza del mamut, evitando que ésta aplastara a Pepillo.

Los gritos de los niños alertaron a la maestra y a los guardias del museo, quienes corrieron a la sala, encontrando a Calixto acurrucado sobre el suelo, protegiendo a Pepillo. No se podían explicar la escena. ¿Cómo pudo pasar? Los guardias llamaron a los servicios de emergencia, quienes llegaron rápidamente y se llevaron a Pepito al hospital.

Afortunadamente, el niño no sufrió lesiones graves, gracias a la intervención del esqueleto.

Después del incidente, Calixto se sintió más vivo que nunca. Había descubierto que, aunque ya no podía contorsionarse como su antiguo dueño, todavía tenía la capacidad de moverse y proteger a otros. Se convirtió en una especie de guardián del museo, vigilando a los visitantes y manteniéndolos a salvo de cualquier peligro.

Aunque a menudo damos por sentado a nuestro esqueleto y lo vemos como algo sin importancia, es gracias a su funcionalidad y movimiento que podemos llevar a cabo todas las acciones que hacemos en nuestra vida cotidiana.

La función principal del esqueleto humano es proporcionar soporte estructural al cuerpo y proteger los órganos internos. Además, el esqueleto permite la locomoción y el movimiento del cuerpo, y también está involucrado en la producción de células sanguíneas y el almacenamiento de minerales.

Al igual que el esqueleto humano, la estructura empresarial proporciona soporte estructural y protección para la organización. La estructura organizacional define cómo se organizan los recursos humanos, financieros y materiales de una empresa para lograr los objetivos y metas establecidos.

Al igual que el esqueleto sostiene y mantiene la estructura del cuerpo humano, el organigrama sostiene y mantiene la estructura de una empresa. De esta manera, cada miembro de la organización es un hueso clave en la estructura general del organigrama.

La estructura organizacional también permite la toma de decisiones eficiente, la comunicación clara y la coordinación de las actividades empresariales. Al igual que el esqueleto humano, la estructura empresarial es fundamental para la salud y el éxito a largo plazo de la organización.

Sin una estructura sólida y eficiente, la empresa tiene invariablemente dificultades para crecer y prosperar.

Haciendo referencia al esquema, a continuación vamos a analizar los tres componentes que integran el primer nivel. El primero nos ayuda a visualizar qué roles son los necesarios para llevar a cabo el negocio.

El segundo componente nos permite identificar a los socios de negocio que debemos considerar. Y el tercer componente, nos da un panorama del origen de la inversión. De esta manera, tenemos la posibilidad de definir la estructura del negocio.

Identidad. ¿Quién eres?

¿Qué es un rol? Es el papel que desempeña alguien dentro de una organización, según sus aptitudes.

¿Qué es una función? Es un área específica de responsabilidad o actividad dentro de la empresa.

¿Cuál es la diferencia entre rol y función?

Un rol se refiere a la posición que una persona ocupa en una determinada situación o contexto. Por ejemplo, un rol podría ser el de gerente de ventas en una empresa. Una función se refiere a una tarea o conjunto de tareas específicas que se llevan a cabo para lograr un objetivo. Las funciones son más concretas y específicas que los roles, y se refieren a las actividades que se deben realizar para cumplir con los objetivos y metas de una organización. Por ejemplo, las funciones de un departamento de marketing pueden incluir la investigación de mercado, la publicidad y la promoción de productos.

¿Por qué es fundamental considerar los roles y/o funciones?

Porque así te darás cuenta de las diferentes tareas que deben realizarse y la importancia de cada una de ellas.

Los roles pueden ser desempeñados por una sola persona o por varias personas en conjunto.

No importa si no cuentas con una persona para cada rol. De hecho, normalmente una persona tiene varios roles en una organización.

Matriz de Roles

Por favor, elige en una casilla por renglón cuál es tu consideración sobre cada uno de los roles que se describen en la tabla. Márcala y anota el valor en la columna de extrema derecha. Cuando termines, suma los resultados y verifica la escala de riesgo conforme a los valores que se indican. Este ejercicio te dará una idea más clara de qué roles son los que consideras vs. Los que necesitas desarrollar en tu oportunidad de negocio.

Es evidente que el riesgo es directamente proporcional al número de roles que se ejecutan en la realidad. Desafortunadamente la gran mayoría de los emprendimientos no cuentan con los recursos para tener un equipo extenso y especializado.

Nivel 1. Identidad. ¿Quién eres?							
Matriz de Roles DEJEMOS DE HACERNOS P3ND3JOS!	Trabaja conmigo	Está en mi nómina	Lo hago yo mismo	Lo contrato por fuera como un servicio	Trabaja eventual cuando hay proyecto	No lo necesito / No sé que es eso	Resultados (Sólo un valor por renglón)
Abogado/Gestor	1	6.7	11.3	16.3	26.9	
Contador	4.9	9.4	14.2	21.1	32.3	
Importador/Aduanero	0.6	4.6	9.8	13.7	21.8	
Comprador	6.8	11.2	16.9	23.4	31.9	
Mercadólogo	0.5	4.3	8.5	12.6	20.4	
Vendedor	7.6	13.9	18.3	25.2	34.8	
Diseñador de Imagen	0.8	5.9	10.6	15.8	25.7	
Administrador	9.1	15.6	19.4	26.5	35.3	
Facturista	0.7	5.7	10.3	15.2	22.4	
Cobrador	8.6	14.5	18.8	26.1	33.6	
Promotor	0.3	2.9	5.7	9.6	17.2	
Ingeniero Sistemas	0.4	3.9	8.1	11.9	19.4	
Almacenista	0.9	6.3	10.9	16.2	26.4	
Transportista/Chofer	0.4	4.1	8.2	12.4	19.9	
Empacador/Cargador	0.3	3.8	7.8	11.7	18.4	
Manufactura/Acabados	0.6	6	10.6	15.9	26.1	
Agente de Seguridad	0.9	6.1	10.7	15.9	25.8	
Comercio Electrónico	0.4	5.3	10	14.9	20.4	
Fotógrafo de Producto	0.2	3.8	8	12.2	19.7	
Administrador redes sociales	0.5	5.7	10.4	15.6	25.5	
Suma Total							

Escala de Riesgo				
45.5	44.6 a 139.7	139.8 a 228.5	228.6 a 332.18	332.19 a 503.9
Mínimo	Bajo	Intermedio	Alto	Crítico

Es evidente que el riesgo es directamente proporcional al número de roles que se ejecutan en la realidad. Desafortunadamente la gran mayoría de los emprendimientos no cuentan con los recursos para tener un equipo extenso y especializado.

Identidad. ¿Quiénes son tus socios de negocio?

¿Qué es un Socio de Negocio? Es aquel individuo, sociedad o entidad que te aporta algún elemento que es parte de tu cadena de valor, ya sea materia prima, mano de obra, conocimiento o validación oficial.

¿Por qué es importante considerar a los socios de negocio?
Porque son parte integral de tu oferta hacia tus clientes. En ocasiones es conveniente que participen socios de negocio en tu cadena de valor, ya que pueden llegar a representar eficiencias en el desarrollo de procesos productivos (tiempo, costo, calidad). Es decir, te pueden facilitar mucho la vida a cambio de una parte del negocio.

Matriz de Socios de Negocio

Por favor, elige en una casilla por renglón cuál es tu consideración sobre cada uno de los tipos de Socios de Negocio (Proveedores) que se describen en la tabla. Cuando termines, suma los resultados y verifica la escala de riesgo conforme a los valores que se indican. Este ejercicio te dará una idea más clara de qué Socios de Negocio son los que necesitas para desarrollar tu oportunidad.

Nivel 1. Identidad. Socios de Negocio.						
Matriz de Socios de Negocio **DeJEMOS DE HACERNOS P3ND3J0S!**	Crítica. Sin ello no podría producir/trabajar y es único para mi negocio.	Importante, pero no es el único. Tengo otras opciones.	Es remplazable. Es algo genérico que consigo con facilidad.	Lo necesito ocasionalmente.	No lo necesito.	Resultados (Sólo un valor por renglón)
Proveedor de materia prima (Producto).	56.70	43.70	34.60	23.10	11.80	
Proveedor de mano de obra.	53.92	39.98	31.22	21.94	9.97	
Proveedor de Asesoría Especializada.	51.85	37.65	29.86	19.84	7.99	
Entidad Externa/Certificadora	54.88	42.10	32.35	22.53	10.12	
					Suma Total	

Escala de Riesgo				
39.88	39.89 a 87.41	87.42a 128.03	128.04 a 163.43	163.44 a 217.35
Mínimo	Bajo	Intermedio	Alto	Crítico

Identidad. ¿Cuál es el origen de tu inversión?

¿Qué es un Stakeholder? Es una persona, grupo u organización que tiene un interés directo o indirecto en un proyecto, empresa o situación en particular.

¿Por qué es importante considerar a los Stakeholders (inversionistas)? Porque pueden proporcionar el capital necesario para iniciar o expandir un negocio.

Además del dinero, los inversionistas pueden aportar experiencia y conocimientos en áreas críticas como la gestión empresarial, la estrategia, el marketing y las finanzas, así como redes de contactos en su sector o industria, lo que puede ayudar a que el negocio obtenga acceso a nuevos clientes, proveedores y oportunidades de asociación.

A continuación definimos los tipos de aportaciones que considero lo más comunes a fin de que tengas un parámetro para identificar el origen de tu inversión.

Inversionista Individual	Personas de alto patrimonio neto que invierten su propio dinero en empresas de nueva creación o en etapas tempranas.
Fondo de Capital	Fondos que invierten en empresas en etapas tempranas de desarrollo, generalmente después de la etapa de inversionistas individuales.
Crowdfunding	Financiamiento colectivo en la que varias personas invierten pequeñas cantidades de dinero en una empresa o proyecto a través de plataformas en línea. Los inversores pueden recibir recompensas o acciones de la empresa a cambio de su inversión.
Préstamo Bancario	Cantidad de dinero que un banco o una entidad financiera presta a una persona o empresa, sujeto a ciertas condiciones de pago y de interés.
Préstamo Personal	Los préstamos personales no requieren de garantías específicas, y se basan principalmente en la confianza y la solvencia de quien lo solicita.
Mi Patrimonio	Los recursos financieros provienen de mi patrimonio personal.

Nivel 1. Identidad. Orígen de tu Inversión.

Matriz del orígen de la Inversión

DeJEMOS DE HACERNOS P3ND3J0S!	100%	Mayor a 75%	76% a 50%	50% a 25%	25% a 10%	Resultados
Inversionista Individual	42.4	33.6	24.6	16.9	8.3	
Fondo de Capital	66.8	49.9	36.7	23.6	12.6	
Crowdfunding	52.3	42.1	32.1	21.5	10.5	
Préstamo Bancario	73.3	52.7	37.6	24.8	13.8	
Préstamo Personal	31.9	27.8	19.8	13.6	6.4	
Mi Patrimonio	100	76.9	54.3	32.8	17.9	
Suma Total						

Escala de Riesgo

37.8	37.9 a 46.5	46.6 a 57.6	57.7 a 90.69	90.7 a 100
Mínimo	Bajo	Intermedio	Alto	Crítico

Una realidad apabullante es la imposibilidad de acceder a alternativas, ya sea por la misma falta de soporte para afrontar un compromiso bancario, ya sea por inexperiencia/ignorancia, o por la misma premura que representa la oportunidad de negocio en sí misma. Aun así, considero importante que conozcas alternativas, y de ser posible, intentes acceder a ellas.

Nivel 2. Actividad. Es la sangre de tu negocio.

En este nivel vamos a identificar que actividades son necesarias contemplar para llevar a cabo el negocio.

Nivel 2	Actividad	¿A qué te dedicas?	Sangre	Al igual que la sangre circula por todo el cuerpo, llevando oxígeno y nutrientes a todas las células y tejidos, los procesos en un modelo de negocio es la forma en que se llevan a cabo las actividades y tareas de la empresa, y que permiten que los productos o servicios lleguen a los clientes de manera efectiva y eficiente. Además, al igual que la sangre es el vehículo de la vida para el cuerpo humano, los procesos son el vehículo de la operación para el modelo de negocio.

Había una vez una joven llamada Ana, que vivía en un pequeño pueblo en las afueras de Transilvania. Un día, su abuelo enfermó repentinamente y el médico local no sabía cómo curarlo. La situación empeoró rápidamente y Ana temía que su abuelo muriera.

En su desesperación, Ana recordó una vieja leyenda que contaba que los vampiros, seres de la oscuridad, poseían la capacidad de curar enfermedades mortales con su sangre. Después de mucho pensarlo, Ana decidió arriesgarse y decididamente buscó a un vampiro para pedir su ayuda. Y si, cerca de Transilvania, pues qué esperabas.

Así fue como Ana invocó a Vladimiro, un vampiro solitario que habitaba un castillo abandonado en las montañas. Ana le suplicó que ayudara a su abuelo.

Vladimiro, conmovido por la determinación de la joven, aceptó ayudarla. Pero había una condición: para curar al abuelo, Vladimiro necesitaría sacrificar una vida.

Ana, aterrorizada, no tuvo más remedio que ofrecerse ella misma como sacrificio.

Así fue como Vladimiro tomó la sangre de Ana, que fluía super-hot y vibrante por sus venas, y la utilizó para curar al abuelo.

Vladimiro no pudo soportar la culpa de haber tomado la vida de la desdichada joven, y se expuso a la primera luz del siguiente amanecer para desaparecer por siempre.

El abuelo despertó sintiéndose fuerte como un roble, y super-hot. No entendía qué había pasado. Pero la sangre, que era el vehículo de la vida, le había permitido continuar viviendo como todo un mozalbete.

Es más, terminó liándose con la solterona del pueblo, tomando su segundo aire. De Ana ya ni se acordó al poco tiempo.

A menudo damos por sentado el poder de la sangre que fluye por nuestro cuerpo, pero su importancia es vital para nuestra supervivencia. La sangre es el vehículo de la vida.

La función principal de la sangre en el cuerpo humano es transportar oxígeno y nutrientes a los tejidos y órganos, y recoger dióxido de carbono y otros desechos para ser eliminados del cuerpo. La sangre también juega un papel crucial en la defensa del cuerpo contra infecciones y enfermedades, mediante la presencia de células y proteínas que combaten patógenos.

Al igual que la sangre en el cuerpo, la actividad empresarial, es decir, todoel conjunto de procesos y procedimientos involucrados, está destinada a mantener la organización en funcionamiento y saludable, por medio de la generación de ingresos y beneficios gracias a la producción y venta de bienes y servicios, lo que permite reinvertir en la empresa y financiar el crecimiento.

Identidad. ¿A qué te dedicas?

¿Qué es un proceso? Es un conjunto de actividades interrelacionadas y coordinadas que transforman inputs o entradas (insumos) en outputs o salidas (resultados/productos) que agregan valor para satisfacer las necesidades de los clientes o usuarios.

Los procesos pueden ser complejos y pueden implicar múltiples personas, departamentos y sistemas.

¿Qué es un procedimiento? es una serie de pasos o acciones específicas que se deben seguir para realizar una tarea o cumplir con un objetivo determinado.

¿Cuál es la diferencia entre proceso y procedimiento? Aunque a menudo se utilizan indistintamente, los términos "proceso" y "procedimiento" tienen significados diferentes.

Los procesos suelen estar formados por una serie de subprocesos o pasos interconectados que se realizan en un orden específico para producir un resultado final. Los procesos pueden ser complejos y pueden implicar múltiples personas, departamentos y sistemas.

Por otro lado, un procedimiento se refiere a una serie de pasos o acciones específicas que se deben seguir para realizar una tarea o cumplir con un objetivo determinado dentro de un proceso más amplio.

Un procedimiento describe en detalle las instrucciones específicas que se deben seguir para llevar a cabo una tarea determinada.

En resumen, la diferencia entre ambos conceptos es la complejidad, el alcance y las especificaciones a detalle.

¿Por qué es importante considerar los procesos? La gestión de procesos es una disciplina clave para lograr una ventaja competitiva mediante la excelencia operativa, al mejorar la satisfacción del cliente, reducir los costos y aumentar la competitividad.

No importa si no cuentas con un desarrollo documentado de los procesos que ejecutas. El objetivo de este apartado es que consideres las actividades/procesos que necesitas, para darte cuenta de lo que te hace falta y, sobre todo, el riesgo que ello implica.

Matriz de actividades (procesos)

Por favor, elige en una casilla por renglón, cuál es tu consideración sobre el tipo de actividad/proceso indicado.

Este ejercicio es similar a la primera matriz de identidad que te presenté, sólo que ahora te hablo de procesos. El objetivo de este ejercicio es darte una idea más clara de qué actividades/procesos es necesario que consideres para llevar a buen puerto tu oportunidad de negocio.

Nivel 2. Actividad. ¿A qué te dedicas?						
Matriz de Actividades	Actividad Crítica	Actividad Importante	Actividad Cotidiana	Actividad Eventual	No lo considero	Resultados (Sólo un valor por renglón)
Compras	6.8	11.2	16.9	23.4	31.9	
Venta Directa	7.6	13.9	18.3	25.2	34.8	
Importación	0.6	4.6	9.8	13.7	21.8	
Certificación	6.5	10.7	16.3	22.8	31.5	
Mercadotecnia	0.5	4.3	8.5	12.6	20.4	
Venta Plataformas Digitales	0.5	5.7	10.4	15.6	25.5	
Diseño de Producto	0.8	5.9	10.6	15.8	25.7	
Administración Redes Sociales	0.5	5.7	10.4	15.6	25.5	
Facturación	0.7	5.7	10.3	15.2	22.4	
Cobranza	8.6	14.5	18.8	26.1	33.6	
Atención a Cliente	9.4	11.3	16.7	23.6	32.5	
Producción	8.4	14.6	18.9	25.8	34.9	
Control de Inventarios	6.3	12.2	16.4	23.9	31.8	
Codificación de Productos	8.9	10.6	14.7	21.2	29.7	
Transporte y Entrega	8.3	11.5	16.6	23.1	31.9	
Contabilidad	4.9	9.4	14.2	21.1	32.3	
Generación Nuevos Productos	0.8	5.9	10.6	15.8	25.7	
Generación Listas de Precios	8.6	14.5	18.8	26.1	33.6	
Cotización de Proveedores	8.4	14.6	18.9	25.8	34.9	
					Suma Total	

Escala de Riesgo				
97.1	97.2 a 186.84	186.85 a 276.1	276.2 a 392.4	392.5 a 560.4
Mínimo	Bajo	Intermedio	Alto	Crítico

Nivel 3. Insumos. Son el Alimento de tu negocio.

En este nivel vamos a identificar los recursos para concretar el negocio.

Nivel 3	Insumos	¿Qué necesitas para producir?	Alimento	Así como nuestro cuerpo necesita nutrientes para funcionar correctamente, un modelo de negocio también necesita de insumos para poder operar de manera efectiva y eficiente.

Había una leyenda que contaba que en una remota aldea de la selva se encontraba el templo de la Fuente de la Vida Eterna, cuyas aguas eran el secreto de la eterna juventud y la cura de todas las enfermedades. Pero para encontrar el templo, uno debía superar una serie de peligros y pruebas mortales.

Un joven aventurero llamado Johnathan, el Doc para los cuates, se enteró de la leyenda y después de una exhaustiva investigación, decidió emprender la búsqueda del templo para salvar al pueblo, en el que se encargaba de dar atención a los enfermos. Gracias a una sequía inusitada, la población sufría de una escasez de alimentos sin precedentes.

El suministro de perecederos se había agotado y la gente comenzaba a morir de hambre. El Doc sabía que la única forma de salvarlos era encontrar la Fuente de la Vida Eterna y traer de vuelta su poder.

El Doc se adentró en la selva, sorteando peligrosos precipicios, evadiendo trampas mortales y venciendo a bestias salvajes. Finalmente, llegó al templo, pero para su sorpresa, descubrió que la leyenda no hablaba de aguas mágicas, sino de una fuente de nutrientes y energía: la fuente era una planta que crecía en el interior del templo.

Nuestro héroe se apresuró a recolectar la mayor cantidad de plantas que pudo cargar, pero al llegar a lo alto de la montaña desde donde se podía distinguir el pueblo, logró percibir que los lugareños estaban siendo atacados por un grupo de saqueadores que habían llegado para robar sus últimas reservas de comida.

El Doc no vaciló y se lanzó a la batalla para proteger a los indefensos, no sin antes consumir una de las plantas milagrosas que traía consigo.

Comprendió que la energía y la fuerza que se obtenía de la planta, le daría lo necesario para derrotar él sólo a todos los malvados.

El Doc luchó con valentía contra los saqueadores y logró vencerlos.

Después de la batalla, el Doc compartió las plantas a toda la aldea. Todos cayeron en el influjo de sus nutrientes y energía. Los enfermos recuperaron su salud. Los hambrientos saciaron su apetito, y a los que no les había pasado nada de pronto los invadió una enorme felicidad.

La hambruna fue vencida y la aldea entera celebró al Doc como su héroe.

En efecto, el alimento es una fuente vital de energía y nutrientes que puede salvar vidas y permitir que las personas enfrenten peligros y desafíos.

La función principal del alimento en el cuerpo humano es proporcionar energía y nutrientes que el cuerpo necesita para llevar a cabo sus funciones vitales, como la respiración, la circulación y la digestión. Los nutrientes son utilizados por el cuerpo para producir y reparar tejidos, mantener el sistema inmunológico y regular los procesos metabólicos.

Al igual que el alimento para el cuerpo humano, los insumos son necesarios para la producción y funcionamiento de la empresa.

Los insumos son materiales, recursos y servicios que la empresa utiliza para crear y entregar productos y servicios a sus clientes.

Los insumos pueden ser tangibles, como materiales de construcción en una empresa de construcción, o intangibles, como habilidades y conocimientos en una empresa de servicios. Al igual que el alimento para el cuerpo humano, los insumos son necesarios para proporcionar energía y los recursos necesarios para que la empresa funcione correctamente.

Tanto el alimento en el cuerpo humano como los insumos en una organización empresarial son fundamentales para mantener el funcionamiento y éxito a largo plazo.

Ambos proporcionan los recursos necesarios para llevar a cabo procesos importantes y mantener la salud y el bienestar, ya sea de un individuo o de una empresa.

Insumos. ¿Qué necesitas para producir?

¿Qué es un insumo? Son todos aquellos elementos o materiales que son necesarios para llevar a cabo un proceso productivo y que se utilizan para transformarlos en un producto final.

¿Por qué son importantes los insumos? Porque La calidad y cantidad del producto final dependen en gran medida de la calidad y cantidad de los insumos utilizados en el proceso productivo. Si los insumos son de baja calidad o insuficientes, el producto final también lo será.

Los insumos representan un costo para las empresas, ya que deben ser adquiridos para llevar a cabo la producción. Por lo tanto, el costo de los insumos influye en el costo de producción del bien o servicio final.

Los insumos pueden ser materias primas, maquinarias, herramientas, mano de obra, servicios de transporte, servicios de energía eléctrica y cualquier otro elemento que sea necesario para la producción de un bien o servicio.

Los insumos son esenciales para la producción de bienes y servicios en cualquier industria o sector económico, ya que sin ellos sería imposible llevar a cabo el proceso productivo.

Matriz de insumos

Ojo, en teoría ya habías identificado anteriormente de dónde sale tu inversión. Ahora, es necesario que definas el monto total que necesitas.

Y un tema sumamente importante, es en cuánto tiempo esperas que retorne el dinero. Es imperativo enfatizar el concepto de retorno de tu inversión.

Para cualquier tipo de negocio, la agilidad en el retorno de inversión es esencial porque se traduce directamente en la eficiencia y rentabilidad de la empresa. Cuanto más rápido se puedan mover los inventarios, es decir, tu producto, más rápido se podrán generar ingresos y ganancias.

La velocidad con la que una empresa mueve sus inventarios es un indicador muy importante de su capacidad para gestionar su flujo de efectivo y maximizar sus beneficios.

Si una empresa no puede mover sus inventarios con rapidez, corre el riesgo de acumular demasiado producto, lo que genera costos adicionales en almacenamiento y manejo, y da como resultado pérdidas financieras.

Un negocio que puede mover rápidamente sus inventarios puede generar ingresos más rápidos, mejorar su liquidez y tener más flexibilidad para invertir en nuevos productos o tecnologías.

Además, una mayor velocidad en el retorno de inversión puede ayudar a una empresa a mantenerse competitiva en el mercado y a responder rápidamente a las demandas cambiantes de los clientes.

Por favor, en la siguiente matriz, elige en una casilla por renglón cuál es tu consideración sobre el tipo de recursos que necesitas, si ya tienes el cálculo del monto total de tu inversión, es decir, cuánto dinero, y si ya tienes claridad sobre el tiempo en el que esperas recuperar la inversión.

DeJemos De HACERNOS P3ND3J0S!	Nivel 3. Insumos. ¿Qué necesitas para producir?					
Insumos	Tengo los recursos necesarios para desarrollar la oferta.	Contrato recursos especializados por proyecto que ya tengo ubicados.	Necesito recursos especializados y los tengo que buscar.	Necesito recursos especializados pero voy a improvisar	Ignoro si necesito recursos especializados pero aún así me la voy a jugar	Resultados (Sólo un valor por renglón)
Recursos Humanos	28.6	45.3	68.9	87.9	99.8	
Recursos Materiales	26.4	43.2	66.5	86.8	97.4	
Recursos Financieros	24.8	41.8	63.2	85.4	95.3	
Inversión	Tengo el cálculo actualizado y contemplo un adicional para imprevistos	Tengo un cálculo aproximado y un adicional	No tengo el cálculo completo y no considero adicionales	Tengo un aproximado por referencias de terceros solamente	Tengo un cálculo que considero que es el correcto	Resultados (Sólo un valor por renglón)
Monto de Inversión	21.3	38.5	64.3	88.7	98.9	
Retorno de Inversión	Tengo experiencia para calcular el tiempo de retorno de la inversión y considero un adicional	Tengo un cálculo aproximado del tiempo de retorno	Necesito forzosamente el retorno en una fecha determinada	No lo tengo considerado	Lo espero de inmediato porque el negocio es seguro	Resultados (Sólo un valor por renglón)
Plazo para Retorno	17.6	34.8	62.9	93.2	97.3	
					Suma Total	

Escala de Riesgo				
118.7	118.8 a 203.6	203.7 a 325.8	325.9 a 442	442.1 a 488.7
Mínimo	Bajo	Intermedio	Alto	Crítico

Nivel 4. Intercambio. Es el sistema nervioso de tu negocio.

En este nivel vamos a identificar los costos y el precio de venta para llevar a cabo el negocio.

Nivel 4	Intercambio	¿Qué das? ¿Qué recibes?	Sistema Nervioso	Al igual que el sistema nervioso es el encargado de coordinar y controlar todas las actividades del cuerpo, los costos en un modelo de negocio son la herramienta que nos permite medir y controlar los gastos y los ingresos, y así asegurarnos de que la empresa esté funcionando de manera rentable.

En una galaxia muy, pero muy lejana, una raza alienígena avanzada había creado un arma mortal capaz de destruir planetas enteros. Su objetivo era conquistar la galaxia, y comenzaron atacando un planeta pacífico habitado por una especie de seres sensibles y conectados con su fuerza interior.

El planeta estaba condenado a ser destruido en menos de 24 horas, y la única forma de detener el arma era sabotear su sistema de control desde dentro. Un pequeño grupo de guerreros del planeta decidió arriesgar sus vidas para infiltrarse en la base del enemigo y sabotear el sistema.

Pero la misión era casi imposible, ya que la base estaba fuertemente custodiada y controlada por un sistema muy avanzado del enemigo, que hacía las veces de una red de nervios artificiales. Los guerreros sabían que necesitarían la ayuda de un especialista en el sistema nervioso para lograr su objetivo.

Así fue como conocieron a Larita, una joven experta en neurotecnología que estaba dispuesta a ayudar. Larita les explicó que el sistema nervioso artificial del enemigo era una red compleja de señales eléctricas y químicas que controlaban todos los aspectos de su tecnología, desde las armas hasta los sistemas de defensa.

Con la ayuda de Larita, los guerreros del planeta lograron infiltrarse en la base del enemigo para sabotear el sistema nervioso artificial. Con cada paso que daban, los guerreros se enfrentaban a peligros mortales y combates intensos, pero finalmente lograron llegar al centro del sistema nervioso artificial y sabotearlo.

Cuando el sistema nervioso artificial falló, el arma del enemigo se desactivó y no tuvieron forma de restablecerla. El planeta que estaba en peligro, fue salvado por el momento.

El sistema nervioso es la fuente de control y coordinación de todas las funciones corporales y puede ser una herramienta poderosa para salvar vidas y proteger planetas enteros.

La función principal del sistema nervioso en el cuerpo humano es coordinar y controlar las funciones corporales mediante la transmisión de señales eléctricas y químicas entre las células nerviosas y los órganos. El sistema nervioso también permite la comunicación y el procesamiento de información, así como la respuesta a estímulos externos.

Al igual que el sistema nervioso en el cuerpo humano, los costos e ingresos son vitales para el funcionamiento de una empresa. Los costos son los gastos necesarios para producir y entregar productos y servicios, mientras que los ingresos son los beneficios obtenidos de la venta de esos productos y servicios.

Al igual que el sistema nervioso coordina y controla las funciones corporales, los costos y los ingresos en una empresa se coordinan y controlan para garantizar el éxito y la rentabilidad a largo plazo.

Los costos y los ingresos también son importantes para la toma de decisiones empresariales, ya que proporcionan información sobre la eficacia de las estrategias de la empresa y su capacidad para cumplir con los objetivos y metas establecidos.

Tanto el sistema nervioso en el cuerpo humano como los costos e ingresos en una organización empresarial son vitales para el funcionamiento y éxito a largo plazo.

Ambos coordinan y controlan procesos importantes y proporcionan información valiosa para la toma de decisiones.

Intercambio. ¿Qué das y qué recibes?

¿Qué es un costo de venta? Es el costo total de los bienes o servicios que una empresa vende durante un período determinado.

¿Por qué es importante el Costo de Venta? El costo de venta es una métrica importante para las empresas, ya que permite determinar el margen de beneficio de los productos o servicios que se venden. Para calcular el margen de beneficio, se resta el costo de venta del precio de venta del producto o servicio. Si el precio de venta es mayor que el costo de venta, la empresa obtiene un beneficio. Si el precio de venta es menor que el costo de venta, la empresa incurre en una pérdida. Así de sencillo.

¿Qué es un precio de venta? Es el monto que un cliente paga por un producto o servicio. Es el precio al que la empresa vende su producto o servicio al consumidor final.

¿Por qué es importante el precio de venta? Es una variable importante en la estrategia de marketing de una empresa, ya que influye en la demanda del producto o servicio y en la percepción del consumidor sobre su calidad y valor.
Si el precio de venta es demasiado alto, la demanda puede disminuir, pero si es demasiado bajo, la empresa puede tener dificultades para obtener un margen de beneficio adecuado.

¿Qué es una política de precios? Es un conjunto de directrices y estrategias que una empresa establece para determinar el precio de sus productos o servicios.

¿Por qué es importante una política de precios? La política de precios tiene como objetivo maximizar las ganancias de la empresa, al mismo tiempo que se asegura de que el precio sea atractivo y competitivo para los consumidores.

La política de precios puede incluir diferentes estrategias y tácticas. Aquí te menciono las más comunes:
Precios de descuento: ofrecer precios más bajos para promociones o ventas especiales.
Precios premium: establecer precios más altos para productos o servicios que se perciben como de mayor calidad o exclusividad.
Precios de penetración: establecer precios bajos para ingresar a un nuevo mercado o ganar cuota de mercado.
Precios psicológicos: establecer precios que parecen más atractivos para los consumidores, como precios que terminan en .99 o .95.

Precios de paquete: ofrecer paquetes de productos a precios más bajos que si se compraran por separado.

Adicional a las estrategias en la política de precios, cabe destacar la importancia que tiene el cálculo diferenciado por tipo de cliente al que pretendes acceder sobre una base rentable.

En términos más sencillos, tienes que definir un precio base del cual no te puedas bajar, que siga siendo negocio para ti, y a partir de ese punto manejar variantes dependiendo del tipo de cliente. A algunos podrás venderles con mayor margen de ganancia que a otros.

Es muy complicado, por no decir imposible, querer ganar lo mismo si le vendes a un distribuidor que a un cliente final, o si ofreces el producto en alguna plataforma digital como Amazon o Mercado Libre.

El distribuidor siempre te va a querer exprimir hasta el último centavo de descuento. Las plataformas te cobran hasta la risa.

Si te metes al retail (cualquier cadena nacional/global), es muy probable que ellos mismos te definan el precio de venta a cliente final, y además te paguen después de 90 días o más, con toda la problemática que ello implica.

No es un tema menor. Tómate el tiempo necesario para analizar cómo vas a definir tu precio. De ello depende en gran medida el éxito o fracaso de tu oportunidad de negocio.

Matriz de costos y precios

Por favor, en la siguiente matriz, con el mismo método que en las anteriores, elige en una casilla por renglón, cuál es tu consideración sobre tu cálculo de costos y precios de tus productos y verifica la escala de riesgo.

Nivel 4. Intercambio (Costos y Precios).

DEJEMOS DE HACERNOS P3ND3J0S!

Costos	Tengo el monto exacto de los recursos necesarios para desarrollar la oferta y voy a considerar un cálculo conservador.	Tengo el monto exacto de los recursos necesarios para desarrollar la oferta y necesito considerar un cálculo agresivo.	Tengo un monto estimado de los recursos necesarios para desarrollar la oferta y voy a considerar un cálculo conservador.	Tengo un monto estimado de los recursos necesarios para desarrollar la oferta y voy a considerar un cálculo agresivo.	Calculé los costos por referencias de terceros pero aún así me la voy a jugar	Resultados (Sólo un valor por renglón)
Recursos Humanos	21.4	42.1	62.3	81.2	95.6	
Recursos Materiales	26.9	47.6	66.8	83.5	99.7	
Producción	23.7	45.9	65.4	82.2	97.6	
Adicionales	20.1	39.9	60.4	79.8	91.4	

Precio	Tengo el cálculo actualizado y considero un cálculo conservador (ganancia moderada).	Tengo un cálculo aproximado y considero un cálculo agresivo (lo máximo que pueda ganar).	No tengo el cálculo completo y considero un cálculo conservador (ganancia moderada).	Tengo un cálculo aproximado por referencias de terceros solamente.	Tengo un cálculo que considero que es el correcto.	Resultados (Sólo un valor por renglón)
Precio del Producto	27.4	48.6	67.2	83.8	99.9	

Listas de Precios	Tengo el cálculo definido de las listas de precios por producto dependiendo del tipo de cliente.	Tengo el cálculo del precio base y sobre ese lo nuevo dependiendo del cliente.	Supongo el precio mírimo y sobre ese le clavo el diente a mi cliente.	Ignoro cuál debe ser el precio base pero me guío por la reacción de mis clientes.	Ya tengo pactado un precio con mi cliente, no necesito investigar ni definir nada más.	Resultados (Sólo un valor por renglón)
Cálculo del Precio	26.8	48.2	66.6	83.2	99.3	
					Suma Total	

Escala de Riesgo				
146.3	146.4 a 272.3	272.4 a 388.7	388.8 a 493.7	493.8 a 583.5
Mínimo	Bajo	Intermedio	Alto	Crítico

Nivel 5. Oferta de Valor. Es el corazón de tu negocio.

En este nivel vamos a identificar el valor que ofrecemos a nuestros clientes para llevar a cabo el negocio.

Nivel 5	Valor	¿Cuál es tu oferta de valor?	Corazón	Al igual que el corazón es el motor que impulsa la sangre por todo el cuerpo, la oferta de valor es la propuesta de la empresa que le da sentido y propósito a la operación, y que le permite diferenciarse de la competencia.

Jack era un joven apasionado y aventurero, que anhelaba encontrar fama y fortuna, así como el amor verdadero. Un día, mientras se lanzaba a descubrir nuevos horizontes en un famoso transatlántico, Jack conoció a Rosa, una joven hermosa y refinada que pertenecía a una familia adinerada. Entre ellos surgió una conexión instantánea y un amor apasionado que creció durante las semanas que duraba la larga travesía.

Jack y Rosa se enfrentaron a muchas adversidades en su camino hacia el amor. Las diferencias de clase social y la oposición de la familia de Rosa parecían ser barreras insuperables. Sin embargo, Jack no se rindió. Él sabía que para alcanzar la fortuna y el amor, debía luchar con todo su corazón.

Un día, mientras Jack y Rosa se encontraban departiendo en la cubierta del barco, éste chocó contra un iceberg y comenzó a hundirse rápidamente. El caos y la confusión se apoderaron del barco. Así que Jack y Rosa tuvieron que luchar juntos para sobrevivir.

Mientras buscaban desesperadamente una forma de escapar, Jack se dio cuenta de que Rosa estaba en grave peligro. Su corazón latía con fuerza mientras luchaba por salvar a la mujer que amaba.

Pero gracias a su valentía, y a que sí cabían los dos en una tablita que flotaba en las heladas aguas del mar, ambos lograron escapar de la tragedia. Gracias a su gran corazón, Jack logró ganarse el cariño y respeto de la familia de Rosa.

El corazón es la fuente de vida y energía del cuerpo humano, y puede ser una fuerza poderosa para alcanzar el amor y enfrentar las adversidades.

La función principal del corazón en el cuerpo humano es bombear la sangre a través del sistema circulatorio, transportando oxígeno y nutrientes a los tejidos y órganos, y recogiendo dióxido de carbono y otros desechos para su eliminación del cuerpo. El corazón también juega un papel importante en la regulación de la presión arterial y la distribución adecuada de sangre en el cuerpo. Al igual que el corazón en el cuerpo humano, la oferta de valor es lo que impulsa el éxito y la supervivencia de una empresa.

La oferta de valor es el conjunto de beneficios y valores que una empresa ofrece a sus clientes a través de sus productos y servicios. Esta oferta debe ser clara y atractiva para los clientes, y debe satisfacer sus necesidades y deseos. Así como el corazón debe bombear sangre de manera efectiva para garantizar la salud y el bienestar del cuerpo, la oferta de valor de una empresa debe ser eficaz y eficiente para asegurar la satisfacción del cliente y la rentabilidad de la empresa.

Además, al igual que el corazón ayuda a regular la presión arterial y la distribución de la sangre en el cuerpo, la oferta de valor debe ser adaptada y ajustada para satisfacer las necesidades y preferencias cambiantes de los clientes.

Tanto el corazón en el cuerpo humano como la oferta de valor en una organización empresarial son vitales para el éxito y la supervivencia a largo plazo. Ambos deben ser efectivos, eficientes y adaptados a las necesidades del cuerpo o de los clientes para garantizar la salud y el bienestar a largo plazo.

Valor. ¿Cuál es tu oferta de valor?

¿Qué es el valor? Es el conjunto de características, beneficios y atributos que hacen que un producto sea deseable para un consumidor y que éste esté dispuesto a pagar por él.

¿Por qué es importante el valor en una oferta? Es importante porque influye directamente en la decisión de compra de los clientes. Cuando los clientes perciben que un producto tiene un alto valor para ellos, es más probable que estén dispuestos a pagar un precio justo por él, lo recomienden a otros y se conviertan en clientes fieles.

El valor de un producto también es importante para las empresas, ya que puede ayudarles a diferenciarse de la competencia, mejorar su imagen de marca y aumentar su rentabilidad.

Matriz de valor

Por favor, en la siguiente matriz, elige en una casilla por renglón, cuál es tu nivel de conocimiento de tu producto, así como el grado de innovación que consideras tiene y qué tan personalizable puede ser.

Debemos De HACERNOS P3ND3J0S!	\multicolumn{6}{c}{**Nivel 5. Valor. ¿Cuál es tu oferta de valor?**}					
Conocimiento	Tengo amplia experiencia en comercializar este producto. Yo tengo los derechos de autor.	Domino el producto. Conozco de primera mano sus principales características.	Lo conozco de manera superficial. Nunca lo he tenido en mis manos, he leído sus descripciones técnicas-comerciales.	Me lo recomendaron de buena fuente, no he tenido acceso a descripciones técnicas-comerciales.	No lo conozco pero estoy seguro que va a ser un éxito. Ya tengo al comprador amarrado.	Resultados (Sólo un valor por renglón)
Nivel de conocimiento del producto.	27.9	44.8	68.5	87.1	99.3	
Innovación	No existe una oferta similar en el mercado. Satisface toda una nueva serie de necesidades para nuestros clientes.	Existen ofertas similares, pero tenemos ventajas competitivas que nos distinguen de la competencia.	No identifico alguna diferencia con la competencia salvo las condiciones comerciales que podamos ofrecer.	Ignoro si el producto tiene alguna ventaja. No sé cómo evaluarlo.	No me importa, ya tengo a mi comprador asegurado.	Resultados (Sólo un valor por renglón)
Grado de Innovación del Producto	24.8	41.8	63.2	85.4	95.3	
Personalización	Mi producto es totalmente personalizable conforme a los requerimientos específicos del cliente.	Mi producto excede con los estándares del mercado pero no es personalizable.	Mi producto difícilmente cumple con los estándares del mercado pero es personalizable.	Mi producto no cumple con los estándares del mercado y no es personalizable.	No me importa, ya tengo a mi comprador asegurado.	Resultados (Sólo un valor por renglón)
Grado en mejora de desempeño y personalización.	22.2	38.9	60.6	82.7	91.2	
					Suma Total	

\multicolumn{5}{c}{**Escala de Riesgo**}				
74.9	75 a 125.5	125.6 a 192.3	192.4 a 255.2	255.3 a 285.8
Mínimo	Bajo	Intermedio	Alto	Crítico

Nivel 6. Control. Es el sistema inmunológico de tu negocio.

En este nivel vamos a identificar las características del producto que ofrecemos a nuestros clientes y su clasificación para llevar a cabo el negocio.

Nivel 6	Control	¿Cómo mantienes el control?	Sistema Inmunológico	Al igual que el sistema inmunológico es el encargado de proteger el cuerpo de las enfermedades y las infecciones, el control en un modelo de negocio es la herramienta que nos permite detectar y corregir los problemas y las desviaciones en la operación.

En un mundo post-apocalíptico, una epidemia provocada por un hongo que toma el control de las funciones cerebrales de las personas ha diezmado a la humanidad.

Los pocos sobrevivientes han sido forzados a vivir aislados, ocultos en las sombras, mientras la epidemia continúa expandiéndose. Pero una niña llamada Ely, que ha desarrollado una inmunidad al hongo, tiene en su sistema la clave para salvar a la humanidad. Junto a su padre adoptivo, Joel, Ely debe recorrer todo un país para encontrar una cura para la epidemia.

A medida que viajan juntos, enfrentan innumerables peligros y desafíos, incluyendo bandas de saqueadores y seres monstruosos infectados por el hongo. Pero gracias al sistema inmunológico de Ely, que le permite resistir la infección, los dos logran sobrevivir y seguir adelante.

Finalmente, después de muchas pruebas y tribulaciones, Ely y Joel encuentran una cura para la epidemia y la humanidad es salvada. Si, ellos viven juntos y felices para siempre (aquí es mi versión, pues). La valentía y la determinación de Ely, y la capacidad de su sistema inmunológico para resistir la infección, son la clave para la supervivencia de la especie humana.

El sistema inmunológico es crucial para nuestra supervivencia y puede ser una fuerza poderosa en la lucha contra las enfermedades. Podemos resistir y superar las amenazas a nuestra salud y bienestar si confiamos en la capacidad de nuestro cuerpo para luchar contra la enfermedad.

La función principal del sistema inmunológico en el cuerpo humano es proteger al cuerpo de patógenos y otras sustancias extrañas que pueden causar enfermedades o infecciones. El sistema inmunológico utiliza una variedad de células, tejidos y órganos para reconocer, atacar y eliminar estas sustancias, manteniendo así la salud del cuerpo.

Al igual que el sistema inmunológico en el cuerpo humano, el control es esencial para la supervivencia y el éxito a largo plazo de un negocio. El control se refiere a la gestión del producto y la toma de decisiones para garantizar que el negocio cumpla con los objetivos y metas establecidos.

Al igual que el sistema inmunológico reconoce y ataca sustancias extrañas para proteger al cuerpo, el control del producto también debe ser capaz de identificar y abordar problemas o riesgos potenciales para proteger el negocio.

Además, el control del producto también debe ser capaz de adaptarse y ajustarse a los cambios en el mercado y en el entorno empresarial, de la misma manera que el sistema inmunológico puede adaptarse y ajustarse a nuevas amenazas y desafíos.

Tanto el sistema inmunológico en el cuerpo humano como el control del producto son vitales para la supervivencia y el éxito a largo plazo.

Ambos deben ser capaces de identificar y abordar problemas potenciales, adaptarse a los cambios y proteger la salud y el bienestar del cuerpo o del negocio.

Control. ¿Cómo mantienes el control?

¿Qué es el control del producto? Es el conjunto de acciones y procedimientos que se llevan a cabo para garantizar que un producto sea fácilmente identificado, clasificado y manejado en un inventario.

¿Por qué es importante el control del producto? Es importante para el manejo eficiente de un inventario y puede ayudar a reducir errores y costos asociados a la gestión del mismo.

Implica establecer un sistema de seguimiento y registro de las entradas y salidas de cada artículo en el inventario, lo que permite conocer en todo momento la cantidad y el estado de los productos.

También puede utilizarse como una herramienta de marketing para identificar productos específicos y promocionarlos a los consumidores. Esto puede ayudar a aumentar la conciencia de marca y las ventas, especialmente si el código incluye información sobre el producto y su origen.

¿Por qué es importante la calidad de las imágenes de un producto? Es importante prácticamente porque es de utilidad para toda la cadena productiva.

Las imágenes de producto atractivas y de alta calidad llaman la atención del cliente potencial y hacer que se interesen por el producto.

Transmiten información sobre las características del producto, el tamaño, la forma, el color, la textura y otros detalles importantes que pueden ser difíciles de explicar con palabras.

Ayudan a los consumidores a visualizar cómo se verá el producto en su vida cotidiana, lo que puede ayudarles a tomar una decisión de compra más informada.

Transmiten profesionalismo y calidad en el producto y la marca, lo que puede aumentar la confianza del consumidor en la compra.

Ayudan a los consumidores a comparar productos, ver detalles importantes y tener una idea más clara de lo que están comprando.

Si tienes posibilidad de invertir en una buena imagen de producto, te recomiendo que lo hagas. Recuerda que de la vista nace el amor.

Matriz de control del producto

Por favor, en la siguiente matriz, elige en una casilla por renglón, cuál es tu nivel de uso de fichas técnicas, codificación e imágenes de producto.

Esto ayuda a prevenir la falta de existencias, los excesos de inventario y las pérdidas por obsolescencia o caducidad.

¿Qué es una ficha técnica de un producto? es un documento que describe las características técnicas y físicas de un producto. Incluye información sobre las dimensiones y pesos del producto, su composición, propiedades físicas y químicas, resistencia a la abrasión, la tracción, la temperatura, la humedad, la corrosión y otros factores relevantes para su uso. También se incluyen detalles sobre las normas y regulaciones que el producto cumple y su grado de conformidad.

¿Por qué es importante la ficha técnica de un producto? Proporciona información precisa y completa sobre las características técnicas del producto, lo que permite a los usuarios tomar decisiones informadas sobre su uso y selección.
Es importante para garantizar la seguridad y el cumplimiento de los estándares de calidad y seguridad aplicables.

Es útil tanto para el fabricante como para el usuario final del producto, ya que proporciona información detallada sobre las especificaciones del producto, su uso y posibles limitaciones.

¿Qué es la codificación de un producto? Es el proceso de asignar un código único a un producto específico para facilitar su identificación y seguimiento en diferentes etapas del proceso de producción, almacenamiento, distribución y venta.

¿Por qué es importante la codificación de un producto? Proporciona una forma única de identificarlo a través de la cadena de suministro y el proceso de venta.

Permite a los fabricantes realizar un seguimiento del rendimiento del producto, incluyendo su calidad, duración y eficacia.
Permite a los fabricantes, distribuidores y minoristas realizar un seguimiento del inventario y mantener un control preciso sobre la cantidad de productos disponibles, lo que ayuda a evitar la pérdida de ventas debido a la falta de stock o el exceso de stock.

DeJemos De HACERNOS P3ND3JOS!	Nivel 6. Control. ¿Cómo mantienes el control?					
Fichas Técnicas	Ya manejo fichas técnicas con mis productos. Me las envía el fabricante.	Tengo algo parecido a una fiche técnica en donde integro información que es de utilidad para mí.	Tengo los datos de los productos pero no integrados en una ficha técnica.	No sé cómo hacer una ficha. No considero que sea necesaria.	No me importa. Las características ya las sabe mi cliente..	Resultados (Sólo un valor por renglón)
Elaboración de Fichas Técnicas	27.9	44.8	68.5	87.1	99.3	
Codificación	Actualmente asigno códigos homologados a mis productos basándome en mejores prácticas.	Asigno claves que no se repiten para mis productos pero no están homologadas.	Asigno números consecutivos pero siempre encuentro errores y esto me genera problemas.	Ignoro cómo codificar el producto. Nunca lo he hecho.	No manejo códigos. Se me hace muy complicado.	Resultados (Sólo un valor por renglón)
Generación de Códigos de Producto	24.8	41.8	63.2	85.4	95.3	
Imágenes de Producto	Cuento con varias imágenes por producto y son de buena calidad.	Tengo fotos de todos mis productos pero no son de la calidad que yo quisiera.	A veces tomo las fotos del producto dependiendo de las circunstancias.	Tengo una foto de un producto parecido que bajé de internet.	No me importa la calidad. Si me piden una imagen la tomo con el celular.	Resultados (Sólo un valor por renglón)
Generación de Inmágenes de Producto	25.6	42.7	63.8	86.2	95.9	
					Suma Total	

Escala de Riesgo				
78.3	78.4 a 129.3	129.4 a 195.5	195.6 a 258.7	258.8 a 290.5
Mínimo	Bajo	Intermedio	Alto	Crítico

Nivel 7. Habilitación/Automatización. Es el sistema muscular de tu negocio.

En este nivel vamos a identificar el grado de automatización para llevar a cabo el negocio.

Nivel 7	Automatización	¿Cómo usas la tecnología?	Sistema Muscular	Al igual que el sistema muscular nos permite realizar acciones de manera automática y sin esfuerzo consciente, la automatización en un modelo de negocio nos permite realizar tareas de manera automatizada y eficiente, liberando recursos y tiempo para otras actividades.

Había una vez un boxeador retirado llamado Julio, quien había sido campeón mundial en su juventud, pero que después de años de pelear y lesionarse, decidió retirarse y dedicarse a entrenar a jóvenes promesas del boxeo. A pesar de su avanzada edad, Julio nunca perdió su amor por el deporte y siempre soñó con volver al ring.

Un día, Julio se enteró de que el actual campeón mundial, un joven engreído y fanfarrón llamado Johnny, estaba buscando un oponente para su próxima pelea. Pero no encontraba contendiente. Así que al promotor se le ocurrió la brillante idea de buscar a Julio, pensando que no existía ningún riesgo en perder el título.

Julio sabía muy en su interior, que tenía una oportunidad única de volver al ring y demostrar que todavía tenía lo que se necesitaba para ser campeón.

Pero había un problema: después de años de inactividad, su cuerpo había sufrido una gran pérdida de masa muscular, lo que lo hacía débil e incapaz de pelear a nivel profesional. Julio sabía que tendría que hacer algo drástico si quería tener alguna oportunidad de ganar.

Así que se dedicó a un exhaustivo entrenamiento para regenerar su sistema muscular y recuperar su fuerza. Con una disciplina férrea y un corazón de campeón, Julio se sometió a un riguroso régimen de ejercicios y dietas, y poco a poco comenzó a recuperar su masa muscular perdida.

Finalmente, llegó el día de la pelea. Julio subió al ring como un guerrero, con la determinación de ganar y demostrar que su sistema muscular estaba más fuerte que nunca. Y así fue. Con una gran fuerza y destreza, Julio, a pesar de su edad, derrotó a su oponente Johnny en una épica batalla, ganando el título de campeón mundial una vez más.

La historia de Julio se convirtió en una leyenda del boxeo, un ejemplo de cómo la disciplina, el trabajo duro y la determinación pueden ayudarnos a superar cualquier obstáculo. La función principal del sistema muscular en el cuerpo humano es proporcionar movimiento y fuerza al cuerpo.

El sistema muscular está compuesto por un conjunto de músculos que trabajan juntos para permitir el movimiento y la actividad física. Estos músculos se contraen y se relajan para generar la fuerza necesaria para mover el cuerpo y realizar actividades cotidianas.

Al igual que el sistema muscular en el cuerpo humano, la automatización permite a una empresa realizar actividades y tareas de manera eficiente y efectiva.

La automatización se refiere al uso de tecnología y sistemas para realizar tareas y procesos de manera automática, eliminando la necesidad de intervención humana en ciertas actividades.

Al igual que el sistema muscular proporciona fuerza y movimiento al cuerpo, la automatización empresarial proporciona eficiencia y rapidez en la realización de tareas y procesos. La automatización puede liberar a los empleados de tareas repetitivas y permitirles centrarse en actividades de mayor valor, aumentando así la productividad y la eficiencia empresarial.

En resumen, tanto el sistema muscular en el cuerpo humano como la automatización empresarial son esenciales para la realización de actividades y tareas de manera efectiva y eficiente.

Ambos permiten el movimiento y la actividad, ya sea física o empresarial, y pueden liberar tiempo y recursos para actividades de mayor valor y productividad.

Automatización. ¿Cómo usas la tecnología?

¿Qué es la automatización? Es el uso de herramientas y tecnologías para optimizar y simplificar los procesos, reducir los errores y costos asociados a la gestión, para mejorar la eficiencia y la precisión en la toma de decisiones.

¿Por qué es importante la automatización? Aumenta la eficiencia por medio de la automatización de procesos, ya que ayuda a realizar tareas de manera más rápida y precisa, lo que puede aumentar la eficiencia de la empresa. Al reducir la cantidad de trabajo manual, la automatización también reduce la probabilidad de errores humanos.

Mejora la precisión ya que permite un mayor control sobre los procesos de gestión y comercialización de productos, lo que puede mejorar la precisión de la información y reducir errores en la toma de decisiones. Permite una mayor flexibilidad al permitir la adaptación rápida a los cambios en la demanda del mercado, las preferencias de los clientes y otras variables del entorno.

Mejora la satisfacción del cliente, ya que contribuye en mejorar la experiencia de compra al permitir una mayor personalización en la oferta de productos y servicios. Ayuda a reducir los costos asociados con la gestión y comercialización de productos, al reducir la necesidad de mano de obra y mejorar la eficiencia en el uso de los recursos.

Matriz de uso de tecnología

Por favor, en la siguiente matriz, elige el grado de utilización que actualmente tienes en relación a aplicaciones que facilitan tu gestión. Por el momento no considero temas de automatización en producción más complejos.

DEJEMOS DE HACERNOS P3ND3J0S — Nivel 7. Automatización. ¿Cómo usas la tecnología?					
Uso de Tecnología	Utilizo una aplicación empresarial y desarrollos propios para gestionar la operación del negocio.	Utilizo una aplicación empresarial que me ayuda a gestionar toda la operación del negocio.	Tengo la información en excel. Así lo he hecho siempre.	Llevo toda mi información en una libreta. No necesito automatizar nada.	No me importa, ya tengo a mi comprador asegurado.
Grado de Automatización	27.9	44.8	68.5	87.1	99.3

Escala de Riesgo				
27.9	44.8	68.5	87.1	99.3
Mínimo	Bajo	Intermedio	Alto	Crítico

Nivel 8. Interacción. Son los cinco sentidos de tu negocio.

En este nivel vamos a identificar las características de cómo llegas e interactúas con tus clientes para concretar el negocio.

Nivel 8	Interacción	¿Cómo llegas a tus clientes?	Sentidos del cuerpo humano	Al igual que nuestros sentidos nos permiten percibir y entender el mundo que nos rodea, el marketing en un modelo de negocio nos permite entender y comunicarnos con nuestros clientes y consumidores, y así adaptar nuestra oferta de valor a sus necesidades y deseos.

Había una joven detective llamada Laura que acababa de graduarse de la universidad y estaba ansiosa por comenzar su carrera en la policía. Su sueño era ser una detective famosa, y por eso se había preparado para estar a la altura de cualquier reto. Pero nunca imaginó que su primer caso sería tan complicado.

Un asesino en serie estaba sembrando el terror en la ciudad, y nadie podía encontrar una pista que pudiera llevar a su captura. Laura fue asignada al caso y se sumergió en el mundo oscuro del perpetrador. Pronto descubrió que todas las víctimas tenían algo en común: habían visitado al mismo médico psicópata.

Decidió visitarlo y fue recibida por el médico, quien la llevó a una habitación oscura y comenzó a hablarle. Laura escuchó atentamente sus palabras, pero también percibió el olor a desinfectante del lugar y sintió la humedad del ambiente en su piel.

El médico le mostró algunas fotografías de las víctimas, y Laura notó detalles que los demás detectives no habían visto antes. Además, también sintió una extraña sensación de escalofrío en su cuerpo al mirar las fotografías.

Laura comenzó a investigar al médico y descubrió que él era el asesino. Sin embargo, cuando fue a arrestarlo, el médico escapó y comenzó a matar de nuevo. Laura, apoyada en su intuición y sus cinco sentidos, logró seguirlo hasta su escondite y, tras una intensa persecución, logró capturarlo.

Gracias a sus agudos sentidos, Laura se convirtió en una detective excepcional. La experiencia la convirtió en una leyenda dentro del departamento de policía, y su nombre se menciona hasta el día de hoy como un ejemplo de inteligencia, astucia y habilidad en el mundo del crimen.

La función principal de los sentidos en el cuerpo humano es proporcionar información sobre el entorno y permitir la percepción de los estímulos externos. Los cinco sentidos: vista, oído, olfato, gusto y tacto, trabajan juntos para permitir que el cuerpo experimente y entienda el mundo que lo rodea.

Al igual que los sentidos en el cuerpo humano, el mercadeo permite a una empresa percibir y entender el entorno empresarial y los comportamientos de los consumidores.

El mercadeo se refiere a las estrategias y tácticas utilizadas por una empresa para promocionar y vender sus productos o servicios, y para conectarse con su público objetivo.

Al igual que los sentidos proporcionan información sobre el entorno y permiten la percepción de los estímulos externos, el mercadeo empresarial también proporciona información sobre el mercado y los consumidores, permitiendo a la empresa adaptarse y ajustarse a sus necesidades y deseos.

El mercadeo empresarial utiliza diferentes tácticas y estrategias para conectarse con los consumidores y promocionar sus productos o servicios, de la misma manera que los sentidos trabajan juntos para proporcionar información sobre el entorno y permitir la percepción de los estímulos.

Tanto los sentidos en el cuerpo humano como el mercadeo empresarial son esenciales para la percepción y la adaptación al entorno.

Interacción. ¿Cómo llegas a tus clientes?

¿Qué es la interacción? Se refiere a la comunicación o intercambio de información entre una empresa y sus clientes, para establecer relaciones sólidas y duraderas.

¿Por qué es importante la interacción? La interacción es esencial para establecer relaciones duraderas y sólidas con los clientes y puede mejorar la satisfacción del cliente y la rentabilidad de la empresa. Las características que hacen posible la interacción incluyen los canales de comunicación, la personalización, la respuesta rápida, la calidad del servicio al cliente y el análisis de datos.

Matriz de interacción

Por favor, en la siguiente matriz, elige en una casilla por renglón, cuál es tu grado de interacción con el cliente. Si aún no interactúas, usa la tabla como referencia para que definas tu estrategia.

DEJEMOS DE HACERNOS P3ND3J0S!	Nivel 8. Interacción. ¿Cómo llegas a tus clientes?					
¿Cómo te conocen?	A través de la inversión en campañas publicitarias y también por recomendaciones de clientes existentes.	Por referencias de clientes existentes gracias a la calidad de los productos.	Supongo que por recomendaciones.	Ignoro cómo me conocen pero llegan pedidos de vez en cuando y eso me mantiene.	No me importa, ya tengo a mi comprador asegurado.	Resultados (Sólo un valor por renglón)
¿Cómo descubren tus clientes potenciales tus servicios?	27.9	44.8	68.5	87.1	99.3	
¿Cómo compran tus productos?	Gracias a las promociones que ofrezco y a la calidad de los productos.	Gracias a la calidad de los productos.	Supongo que porque conocen productos similares y saben que funciona.	Ignoro cómo deciden comprarme pero lo hacen.	No me importa, ya tengo a mi comprador asegurado.	Resultados (Sólo un valor por renglón)
¿Cómo deciden comprarte?	27.2	44.3	68.1	86.8	99.1	
¿Cómo entregas lo que te compran?	Entrego de manera personalizada y con todas las garantías necesarias para segurar la satisfacción del cliente.	Entrego con garantías e invito a que se comuniquen si algo no le satisface.	Lo entrego sin nada en especial. El cliente no necesita más	Ignoro cómo se entrega. Yo recibo el pago y lo demás ya no me interesa.	No me importa, ya tengo a mi comprador asegurado.	Resultados (Sólo un valor por renglón)
¿Cómo entregas tus productos y te aseguras que los clientes queden satisfechos?	26.5	43.8	67.7	86.2	98.7	

Continua en la siguiente página.

Nivel 8. Interacción. ¿Cómo llegas a tus clientes?						
¿Qué tipo de comunicación utilizas?	Cuento con varias imágenes por producto y son de buena calidad.	Tengo fotos de todos mis productos pero no son de la calidad que yo quisiera.	A veces tomo las fotos del producto dependiendo de las circunstancias.	Tengo una foto de un producto parecido que bajé de internet.	No me importa, ya tengo a mi comprador asegurado.	Resultados (Sólo un valor por renglón)
¿Qué tipo de comunicación utilizas con tus clientes?	26.3	43.1	67.2	82.1	97	
¿Qué tipo de transacción manejas?	Tratamos de ser lo más personalizado posible según el caso.	Es por medios tradicionales. Tratamos de no personalizar porque es muy complicado para nosotros.	Es exlusiva por correo.	Tratamos de no mantener contacto personalizado para evitar reclamaciones.	No me importa, ya tengo a mi comprador asegurado.	Resultados (Sólo un valor por renglón)
¿Qué tipo de transacción manejas con tus clientes?	25.8	39.7	63.1	79.7	94.2	
¿Cuál es el enfoque con tus clientes?	Es una combinación en crecer el número de clientes y conservar los que ya tenemos.	Nos hemos enfocado en sólo crecer le número de clientes.	Nos hemos enfocado en conservar los clientes que ya tenemos. Con eso ahí la llevamos.	Ignoro si son clientes nuevos o que ya tenemos. Mientras se siga moviendo el producto no me interesa.	No me importa, ya tengo a mi comprador asegurado.	Resultados (Sólo un valor por renglón)
¿Cuál es el enfoque de tu esfuerzo con tus clientes?	21.4	33.5	58.9	75.2	91.1	
					Suma Total	

Escala de Riesgo				
155.1	155.2 a 249.2	249.3 a 393.5	393.6 a 497.1	497.2 a 579.4
Mínimo	Bajo	Intermedio	Alto	Crítico

Nivel 9. Beneficiario. Es el ADN de tu negocio.
En este nivel vamos a identificar las características de nuestros clientes para concretar el negocio.

Nivel 9	Beneficiario	¿A quién ayudas?	ADN	Al igual que nuestro ADN es el código genético que nos define y nos hace únicos, los clientes en un modelo de negocio son los individuos que definen y orientan la estrategia y las acciones de la empresa, y que le permiten adaptarse y evolucionar en un entorno cambiante.

En un mundo donde la tecnología y la ciencia avanzan a pasos agigantados, un excéntrico millonario llamado John descubre cómo manipular el ADN de especies extintas para revivirlas en la actualidad.

Con una visión innovadora, decide crear un parque temático lleno de dinosaurios para el asombro y deleite del mundo entero.

John reúne a un equipo de expertos para supervisar el proyecto, incluyendo al renombrado paleontólogo Alan y a la ingeniera de sistemas Lex. El parque, construido en una isla remota, es un éxito rotundo con visitantes de todo el mundo.

Pero pronto, las cosas empiezan a salirse de control. Uno de los empleados del parque intenta robar embriones de dinosaurios para venderlos en el mercado negro, y en el proceso, desactiva la seguridad de la isla. Los dinosaurios, libres de sus jaulas, empiezan a causar estragos y a atacar a los visitantes.

John y su equipo luchan desesperadamente para detener la masacre, pero se dan cuenta de que no pueden controlar la esencia salvaje de estas criaturas prehistóricas. La situación empeora cuando el equipo descubre que algunos de los dinosaurios han cambiado de género debido a la manipulación del ADN, lo que los hace aún más peligrosos.

Finalmente, gracias a la valentía y el ingenio de Alan y Lex, logran restaurar el sistema de seguridad y salvar a los pocos visitantes que quedaban en el parque. John, devastado por el fracaso de su proyecto y la pérdida de vidas humanas, decide abandonar el parque y dejar que los dinosaurios sobrevivan en aquella isla lejana.

El ADN es una herramienta poderosa que debe ser manejada con precaución y respeto por la naturaleza. El ADN es la molécula que contiene toda la información genética de un organismo.

La función principal del ADN es proporcionar las instrucciones necesarias para el desarrollo, crecimiento, mantenimiento y reproducción de las células en el cuerpo humano.

El ADN funciona como una especie de libro de instrucciones para el cuerpo humano, ya que contiene información sobre cómo producir las proteínas que son esenciales para la vida.

Las proteínas son moléculas que realizan una amplia variedad de funciones en el cuerpo, como la reparación de tejidos, la producción de hormonas y enzimas, y el mantenimiento de la estructura de las células.

En el contexto empresarial, el cliente puede ser visto como la molécula de ADN de una organización. Al igual que el ADN proporciona las instrucciones necesarias para el funcionamiento del cuerpo humano, los clientes proporcionan la base de las operaciones y la estrategia de una empresa.

Los clientes son la fuente de ingresos para una empresa y proporcionan información valiosa sobre las necesidades y preferencias del mercado.

Al igual que el ADN, los clientes pueden ser vistos como una especie de libro de instrucciones para la empresa, ya que proporcionan la información necesaria para el desarrollo y la implementación de una estrategia empresarial efectiva.

El ADN es esencial para el funcionamiento del cuerpo humano y proporciona las instrucciones necesarias para el desarrollo y mantenimiento de las células.

De manera similar, los clientes son esenciales para el éxito de una empresa y proporcionan la información necesaria para el desarrollo y la implementación de una estrategia empresarial efectiva.

Beneficiario. ¿A quién ayudas?

¿Qué es el beneficiario? Es la persona o entidad que recibe los beneficios de una oferta de productos o servicios.

¿Por qué es importante el beneficiario? El beneficiario y su correcta identificación son indispensables para adaptar la oferta a las necesidades y preferencias específicas, con el fin de llevar a cabo una transacción exitosa.

Son la razón de ser de cualquier negocio o empresa. Son quienes compran los productos o servicios que ofrecen, lo que genera ingresos y permite que la empresa siga operando.

Sin beneficiarios, una empresa no tendría sentido y simplemente no existiría. Es importante tratarlos con respeto, atención y consideración para mantener una relación a largo plazo con ellos.

En determinadas circunstancias es posible generar esquemas en donde se construyen perfiles del cliente con base en definiciones basadas en el conocimiento específico de costumbres, actitudes y comportamientos derivados de la interacción.

Es extremadamente ambicioso pretender definir algo parecido para cada segmento del mercado en particular, pero te comparto este mapa, porque es muy fácil entender qué es lo que debes tomar en cuenta para formar una idea más clara del perfil de tus prospectos.

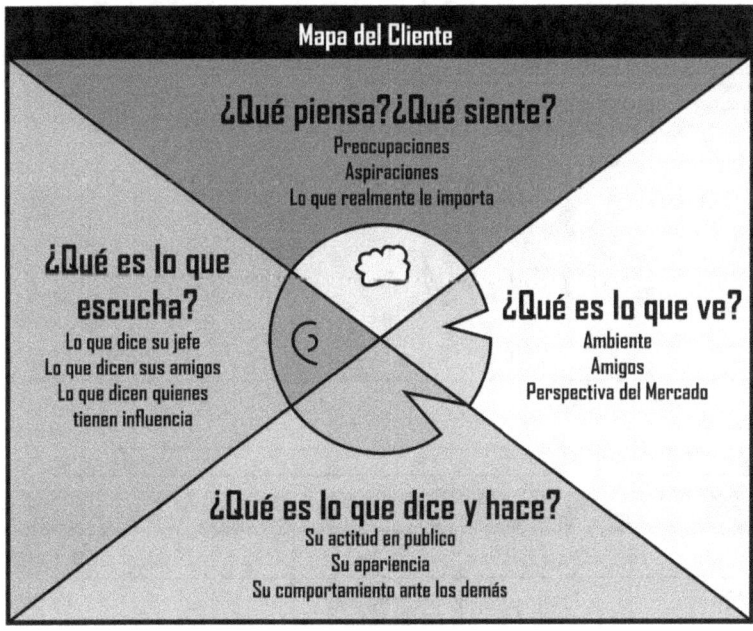

Ten presente dos conceptos muy importantes. El primero es cuál es su dolor, ¿qué le duele a tu cliente? ¿Cuáles son sus miedos?

¿Cuáles son sus frustraciones? ¿Cuáles son sus obstáculos? El segundo está relacionado con los beneficios. ¿Qué es lo que quiere? ¿Qué es lo que necesita? ¿Cuál es la medida de su éxito?

El tener claridad sobre estos conceptos te facilita enormemente el desarrollo de una estrategia de venta que te permita lograr tus objetivos. El enfoque inicial es para ventas, pero puedes ampliar su uso hacia cualquier persona de tu interés.

Matriz de Beneficiario

Por favor, en la siguiente matriz, elige en una casilla por renglón, cuál es tu grado de identificación y conocimiento de tus clientes. Como en los ejercicios anteriores, revisa el resultado en la escala de riesgo.

DeJemos De HACERNOS P3NLD3JOS!	Nivel 9. Beneficiario. ¿A quién ayudas?					
¿Cómo identificas a tus clientes?	Invierto en estudios de mercado y genero encuestas propias sobre los medios a los que el cliente tiene acceso y llevo estadísticas de los datos de compra.	Genero encuestas en los medios disponibles para conocer los datos necesarios y los administro.	Supongo quienes son mis clientes por datos de perfiles que compran productos similares.	Ignoro cómo identificarlos. Por mi experiencia sé quienes son mis clientes.	No me importa, ya tengo a mi comprador asegurado.	Resultados (Sólo un valor por renglón)
¿Cómo identificas el perfil de tus clientes?	27.9	44.8	68.5	87.1	99.3	
¿Conoces a tus clientes?	Llevo una relación estrecha con los principales y siempre estoy dispuesto a comunicarme con los nuevos.	Conozco a mis principales clientes y les hago saber que soy confiable.	No conozco a la mayoría de mis clientes. Mientras se realice la transacción no tengo necesidad de conocerlos.	No se quienes son, pero si me siguen comprando no me importa.	No me importa, ya tengo a mi comprador asegurado.	Resultados (Sólo un valor por renglón)
¿Qué tanto conoces a tus clientes?	26.3	43.1	67.2	82.1	97	
					Suma Total	

Escala de Riesgo				
54.2	54.3 a 87.9	88 a 135.7	135.8 a 169.2	169.3 a 196.3
Mínimo	Bajo	Intermedio	Alto	Crítico

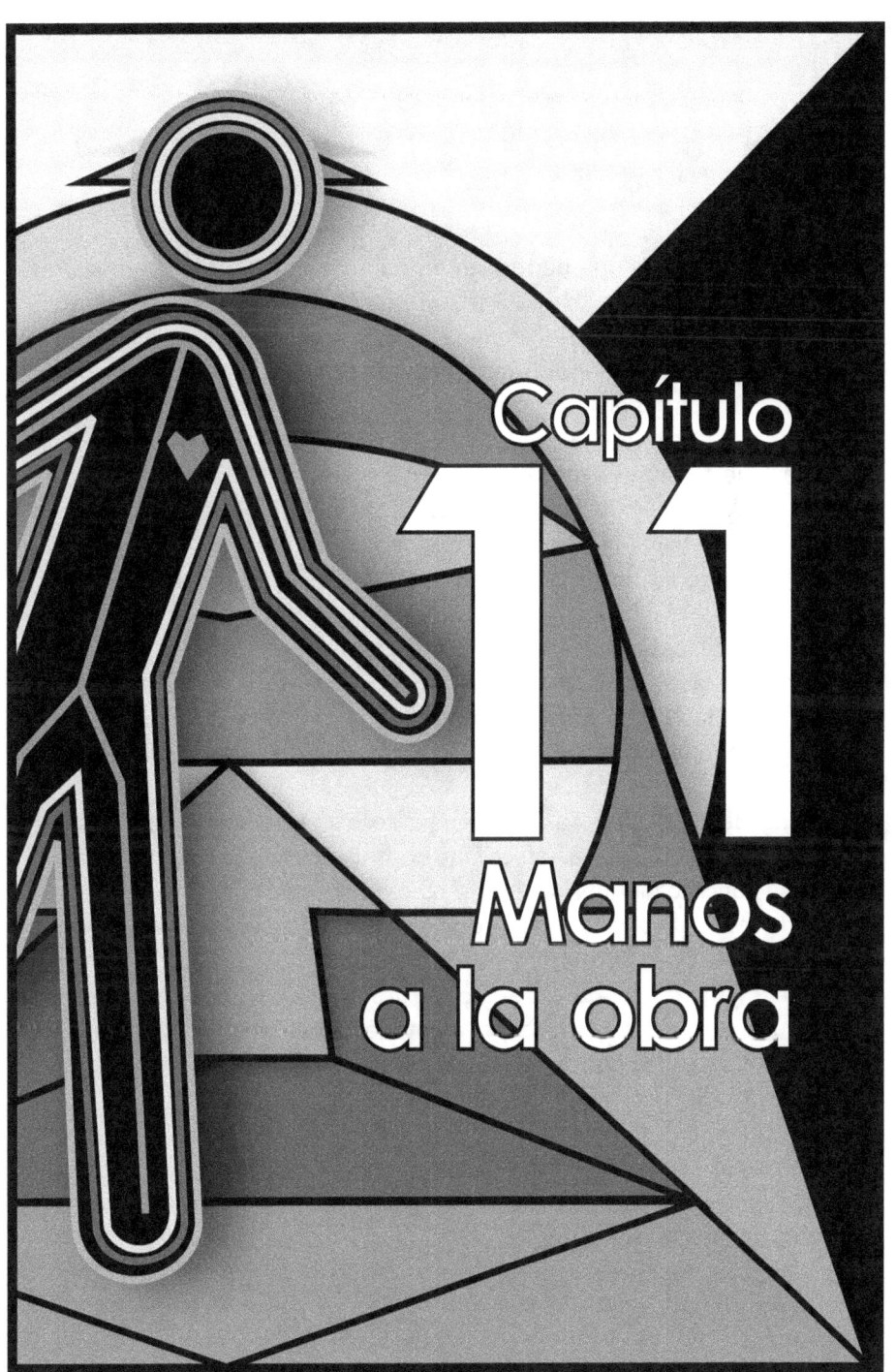

Capítulo

11

Manos
a la obra

Capítulo11. Manos a la obra

"El éxito es la capacidad de ir de fracaso en fracaso sin perder el entusiasmo"- Winston Churchill.

El conocimiento es una herramienta poderosa que transforma nuestras vidas y nuestro entorno. Sin embargo, de nada sirve adquirir conocimientos si no los llevamos a la práctica. Muchas veces, nos enfocamos en acumular información y aprendizajes sin considerar cómo podemos aplicarlos en nuestra vida diaria.

No hay que perder de vista que el verdadero valor del conocimiento radica en su capacidad para mejorar nuestra calidad de vida y ayudarnos a alcanzar nuestros objetivos. Si no ponemos en práctica lo que hemos aprendido, el conocimiento pierde su sentido y se convierte en algo inútil.

El objetivo de los primeros capítulos, es el establecer una base meramente teórica, un punto de partida para desarrollar toda una práctica que realmente trascienda a las ofertas vacías que inundan el mercado, esas que sólo te venden humo.

La falta de aplicación de lo que aquí te he presentado, puede tener diferentes causas. Puede ser por falta de motivación, por miedo al fracaso, porque nunca lo has intentado y no sabes por dónde empezar, incluso por falta de confianza en el esquema, o porque nunca habías escuchado de mí.

Lo que te garantizo, es que no existe una desconexión entre el aprendizaje y las situaciones reales que he experimentado. Lo que te quiero compartir, es que a partir de este punto, te voy a facilitar material que en la práctica me ha sido útil a lo largo de más de 25 años.

Pero todo ese conocimiento y experiencia por sí solos no tienen valor si no se comparten. Para mí es esencial que lo lleves a la práctica para que tenga un impacto real en tu vida.

Para cada nivel del esquema, te comparto la abstracción de materiales de apoyo que te servirán para ir desarrollando tu propio modelo, conforme a tus necesidades.

Nivel 1. El desarrollo de un organigrama
Ya hemos comentado que asumes varios roles dentro de tu organización, emprendimiento, oportunidad, negocio, o como quieras llamarle.

De entrada eres un accionista, porque son los dueños de la organización. De ahí sale el dinero.

Si adicionalmente a ser accionista, vas a coordinar los recursos y asegurar que las metas se cumplan exitosamente, entonces también eres un Gerente. Eres tu propio empleado. Y debes considerar cobrar por ello.

Tu contribución en este sentido, va a ser la capacidad para dirigir las respuestas de la organización ante las presiones que te exige el negocio. Tienes que resolver problemas, tener una perspectiva para mantener y crecer el emprendimiento y liderar a un grupo de personas, que directa o indirectamente recibirán una recompensa por su contribución con base en deberes y responsabilidades que les tienes que definir. Tus empleados.

Ahora bien, cada persona deberá tener claridad sobre la actividad que debe ejecutar, sus metas, su recompensa, incentivos, incluso castigos o penalizaciones por incumplimiento, a quien reporta, y en su caso, de quién es responsable.

Clarifícalo y comunícalo de manera efectiva. No supongas que todos te entienden, o que es cuestión de sentido común. Tampoco se trata de hacer carpetas interminables de documentos. Si consideras que no te conviene ponerlo en papel o formalizarlo, o no tienes (según tú) tiempo de hacerlo, al menos platícalo y déjalo todo bien explicado.

Para no aburrirte con teoría sobre estructuras organizacionales, entre una estructura mecanizada y una orgánica, es muy probable que te convenga una combinación de ambas.

Como su nombre lo indica, la primera es rígida con una toma de decisiones centralizada, y una jerarquía claramente definida. Es plana y simple.

Las estructuras orgánicas promueven la flexibilidad, es decir, se adaptan de manera rápida a los cambios del entorno, a la incertidumbre del ambiente. Ese aspecto deberías considerarlo, porque esa agilidad en la respuesta puede ser determinante. Pueden ser muy complejas.

A final de cuentas, y a pesar de existir jerarquías con estructuras formales en las organizaciones, algunas en realidad enormes, existe siempre una relación jerárquica informal que basa su operación en una red de relaciones personales que se desarrolla con el tiempo. En la informalidad es en donde los éxitos se logran.

Así que tampoco es una garantía el tener todo documentado y al día. Lo fundamental es que todo tu equipo tenga claro qué es lo que quieres lograr y qué tienen que hacer para conseguirlo.

A continuación te comparto un ejemplo de una estructura funcional sencilla para una pequeña empresa dedicada principalmente a la comercialización de productos.

La primera tabla muestra la división de labores actual. Dirección, Gerencias y Departamentos.

La segunda tabla explica de manera muy sencilla la función de cada gerencia.

A final de cuentas el recurso económico, las capacidades de las personas y la naturaleza del negocio te van a dar los parámetros para definir tu estructura. No hay regla.

Organigrama. Ejemplo de Estructura Funcional

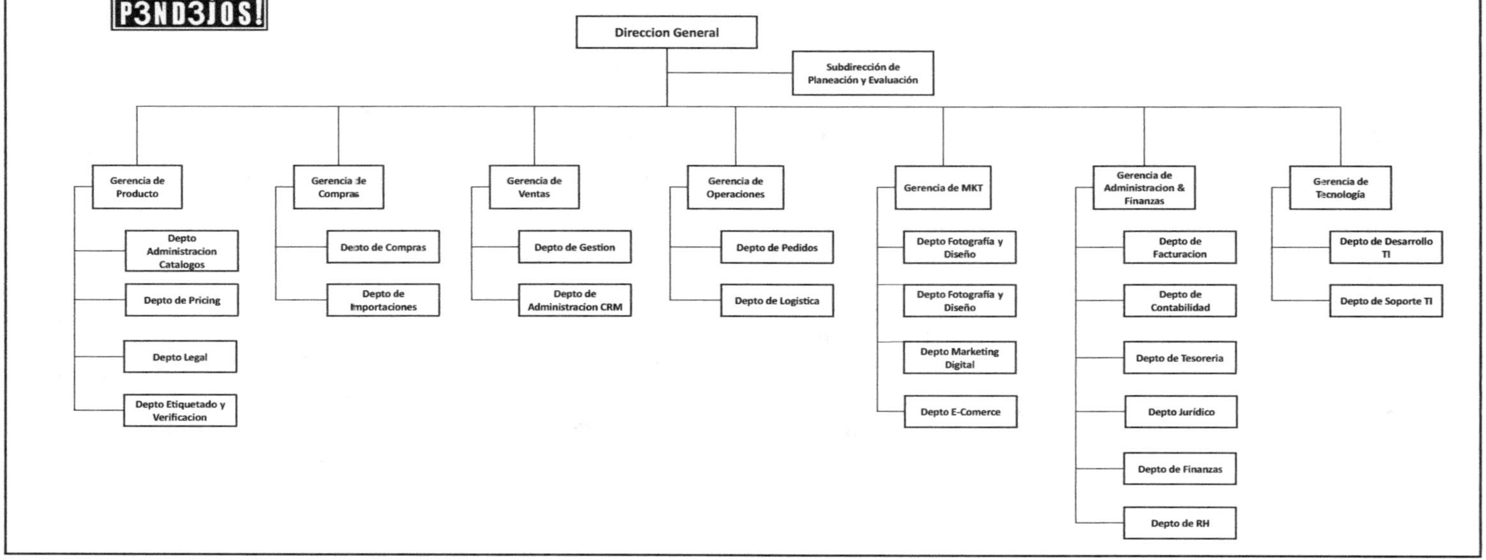

Direccion General

Subdirección de Planeación y Evaluación

Gerencia de Producto
- Depto Administracion Catalogos
- Depto de Pricing
- Depto Legal
- Depto Etiquetado y Verificacion

Gerencia de Compras
- Depto de Compras
- Depto de Importaciones

Gerencia de Ventas
- Depto de Gestion
- Depto de Administracion CRM

Gerencia de Operaciones
- Depto de Pedidos
- Depto de Logistica

Gerencia de MKT
- Depto Fotografía y Diseño
- Depto Fotografía y Diseño
- Depto Marketing Digital
- Depto E-Comerce

Gerencia de Administracion & Finanzas
- Depto de Facturacion
- Depto de Contabilidad
- Depto de Tesorería
- Depto Jurídico
- Depto de Finanzas
- Depto de RH

Gerencia de Tecnología
- Depto de Desarrollo TI
- Depto de Soporte TI

206

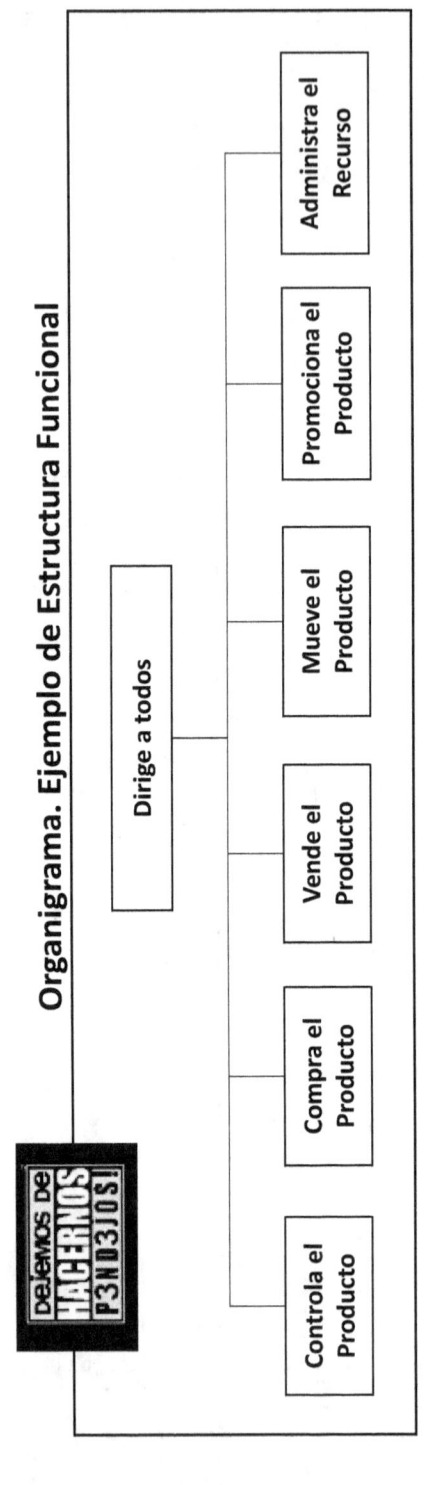

Organigrama. Ejemplo de Estructura Funcional

Nivel 2. La definición de los Procesos

He de confesarte que no puedo ser indiferente cuando se toca el tema de los procesos. En mi vida laboral tuve la gran oportunidad de aprender y desarrollar la consultoría de análisis y mejora de procesos con los mejores maestros.

Es una práctica que me apasiona, por lo que me es muy complicado tratar de condensar toda esa información en unas cuantas líneas.

De entrada el término proceso genera rechazo, resistencia. De inmediato las personas piensan en algo complejo, en carpetas inútiles llenas de hojas arrumbadas en una bodega a las que nadie les hace caso. Diagramas complejos que sólo los entiende el que los diseñó. Consultorías costosas que no logran implementarse del todo.

Por ello, conociendo los antecedentes de primera mano, he definido el nivel 2 como actividad. Aquí vas a plasmar cómo se hacen las cosas.

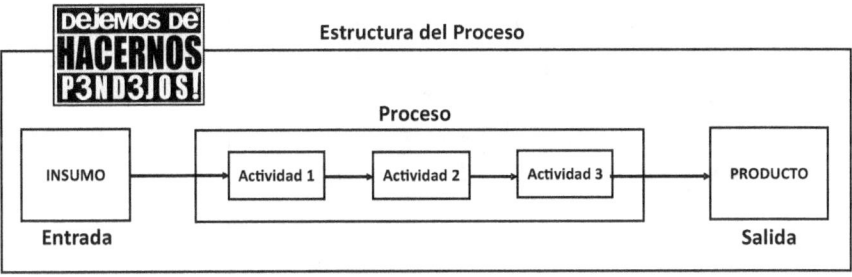

Esas actividades que necesitan hacerse, cruzan la organización de manera horizontal. Inician con un detonador, es decir, un insumo, que podría tratarse de cualquier tipo de recurso.

Es algo que provoque el inicio de las actividades. Estas van recorriendo las funciones a través del organigrama, en donde cada responsable ejecuta la parte que le corresponde.

Tomando como base el ejemplo anterior de la estructura funcional, es posible identificar cómo por encima de las funciones, los procesos recorren la estructura de la organización.

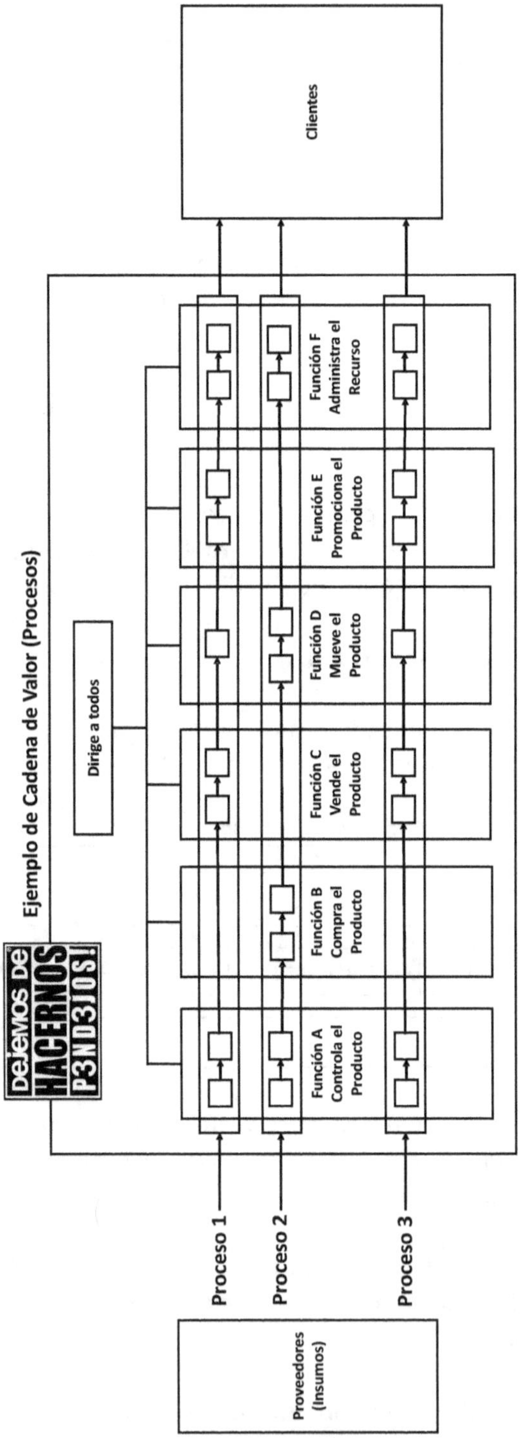

Ejemplo de Cadena de Valor (Procesos)

Dejemos de **HACERNOS P3N03J0S!**

Proveedores (Insumos)

Proceso 1

Proceso 2

Proceso 3

Función A Controla el Producto

Función B Compra el Producto

Función C Vende el Producto

Función D Mueve el Producto

Función E Promociona el Producto

Función F Administra el Recurso

Dirige a todos

Clientes

Te comparto un ejemplo de la estructura de un proceso Inter-funcional.

Ejemplo de Proceso Inter-funcional

Nombre del Proceso

	Fase 1	Fase 2	Fase 3	Fase 4
Función A	Inicio	¿? → Fin		
Función B	Actividad 1	Actividad 4	Actividad 7 → Fin	
Función C	Actividad 2 → Actividad 3	Actividad 5 → Actividad 6		
Función D				

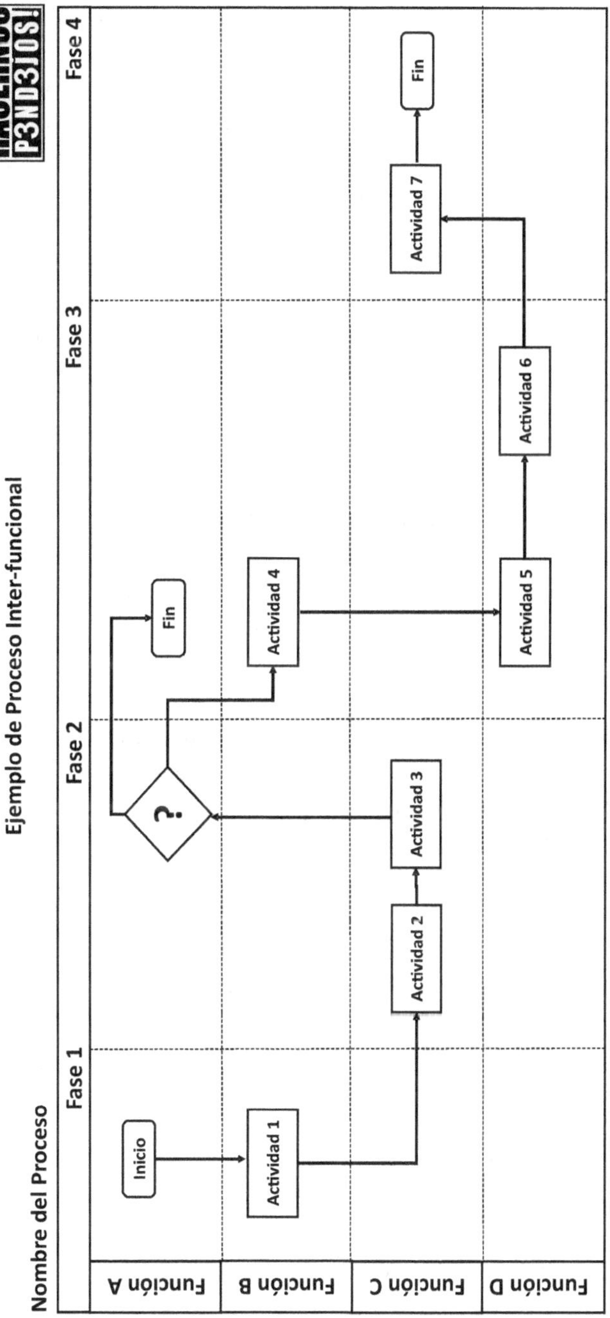

El análisis en papel se puede presentar muy bonito, pero no sirve de nada si no es acompañado por la definición de un plan y un método que te ayude a ir paso a paso hacia una verdadera implementación de mejoras en los aspectos críticos del negocio. El secreto que he asimilado a lo largo de los años, es que las consideraciones teóricas la mayoría de las veces, o son inalcanzables, o no tienen nada que ver con la realidad de un emprendedor.

La moraleja es entender los conceptos, tomar lo que nos es útil y adaptarlo a nuestra realidad. En la generalidad, la falta de recursos es un obstáculo prácticamente insalvable cuando se trata de este tipo de esfuerzos. Encuentra la manera de llevarlos a cabo. Siempre hay una.

El Método de Análisis de Procesos que a continuación te presento se divide en dos partes principales que se interconectan entre sí en algunos puntos. La primera parte tiene que ver con la Administración. Es indispensable el poder controlar desde cómo llega la información del entorno, cómo se define el plan, cómo vas a adaptar lo que haya que modificar para la nueva manera de hacer las cosas, y al final identificar y evaluar los resultados.

La segunda parte es en donde vas a emplear tus dotes de diseñador. Es en donde se define el Esquema que he planteado en esta publicación, para de ahí definir cómo debe ser la nueva y mejorada forma de hacer las cosas, considerando nuevos indicadores de desempeño y algo fundamental, una estrategia para implementar los cambios.

Este último punto es crítico en cualquier esfuerzo de mejora, ya que no sirve de nada definir maneras diferentes de trabajar si no están involucradas desde el diseño las personas que van a operar bajo esos nuevos términos. Si los colaboradores no compran y hacen suya la mejora, el tema no va a prosperar en ningún sentido.

Por ello es indispensable definir desde la Planeación la integración de equipos interdisciplinarios dentro de la misma organización que lideren los esfuerzos de mejora. En este punto te comparto una lección invaluable: las personas que realmente conocen a fondo los problemas, son las que trabajan en esos procesos precisamente. Son los operadores los que tienen el conocimiento y la solución. Su participación es obligada.

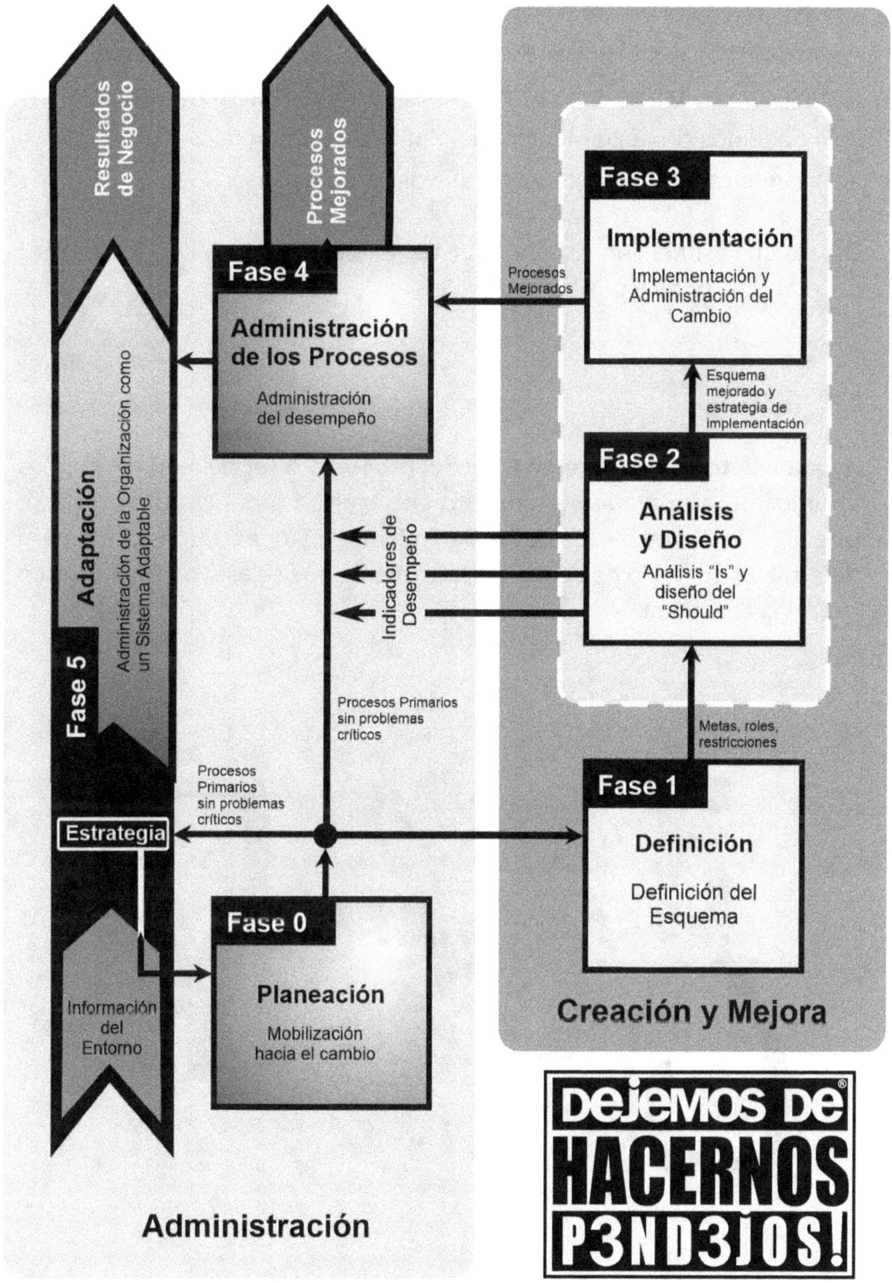

Resultados de Negocio

Procesos Mejorados

Fase 3

Implementación

Implementación y Administración del Cambio

Procesos Mejorados

Fase 4

Administración de los Procesos

Administración del desempeño

Esquema mejorado y estrategia de implementación

Fase 2

Análisis y Diseño

Análisis "Is" y diseño del "Should"

Indicadores de Desempeño

Adaptación

Administración de la Organización como un Sistema Adaptable

Fase 5

Procesos Primarios sin problemas críticos

Estrategia

Procesos Primarios sin problemas críticos

Metas, roles, restricciones

Fase 1

Definición

Definición del Esquema

Información del Entorno

Fase 0

Planeación

Mobilización hacia el cambio

Creación y Mejora

Administración

DEJEMOS DE HACERNOS P3ND3JOS!

Nivel 3. La estimación de los Insumos

A estas alturas ya deberías tener una idea de qué tipo y cantidad de recursos necesitas para desarrollar la oportunidad. En muchas ocasiones sólo podemos conseguir lo necesario para arrancar, y poco a poco vamos avanzando conforme se generan nuevos recursos.

Ojo, es una estimación. Es difícil que tengas un cálculo exacto. Y si lo crees así, es muy probable que se modifique.

La estimación de los insumos es fundamental por varias razones importantes:

Ayuda a determinar el costo total del producto o servicio: Al estimar los insumos necesarios para producir o entregar un producto o servicio, se puede calcular el costo total del mismo. Esto es importante para determinar el precio de venta y asegurarse de que se está obteniendo una ganancia adecuada.

También ayuda a prever la demanda futura: Al estimar los insumos necesarios para producir o entregar un producto o servicio, también se puede prever la demanda futura. Esto es especialmente importante si se está trabajando con materiales perecederos o de temporada, ya que se debe estimar la cantidad necesaria para cumplir con la demanda y evitar el desperdicio.

Permite la planificación de inventarios: Al estimar los insumos necesarios, se puede planificar el inventario para asegurarse de tener suficientes suministros disponibles para cumplir con la demanda. Esto ayuda a evitar retrasos en la producción o en la entrega del producto o servicio.

Permite una mejor gestión de los costos: Al estimar los insumos, se pueden identificar oportunidades para reducir costos a través de la búsqueda de proveedores más económicos, la eliminación de materiales innecesarios o el aumento de la eficiencia en la producción.

DEJEMOS DE HACERNOS P3ND3J0S! Nivel 3. Cálculo de Insumos			
Rubro	Costo Unitario	Cantidad	Costo Total
Recursos humanos especializados	$XX / hora	XX horas	$XX
Recursos materiales	$XX / unidad	XX unidades	$XX
Recursos financieros	$XX / mes	XX meses	$XX
Total de costos			$XX
Inversión necesaria			$XX
Plazo de retorno			XX meses

La estimación de los insumos es fundamental para llevar a cabo un negocio porque permite calcular el costo total del producto o servicio, prever la demanda futura, planificar los inventarios y gestionar los costos de manera más efectiva. Todos estos factores son esenciales para garantizar la rentabilidad y el éxito a largo plazo de un negocio.

Nivel 4. El cálculo de los costos y el precio

Calcular el precio de venta correcto de un producto es esencial para asegurar el éxito de una oportunidad de negocio. Si bien muchas empresas utilizan un margen de ganancia fijo para determinar sus precios, esto puede llevar a cálculos imprecisos que no reflejen el costo real del producto.

Para calcular los precios de un producto de manera efectiva, es necesario tener en cuenta varios factores, como los costos directos e indirectos, los impuestos y los márgenes de ganancia.

Costos directos: son aquellos que están directamente relacionados con la producción y venta del producto. Estos pueden incluir los costos de materiales, mano de obra, envío y empaquetado. Para calcular el precio de venta de un producto, es necesario determinar cuánto cuesta producir y distribuir el producto. Los costos directos pueden ser diferentes para cada producto y pueden variar según la cantidad producida.

Costos indirectos: son aquellos que no están directamente relacionados con la producción y venta del producto, pero que son necesarios para mantener la empresa en funcionamiento. Estos pueden incluir los costos de alquiler, servicios públicos, marketing y otros gastos generales.
Es importante tener en cuenta los costos indirectos al calcular el precio de venta de un producto, ya que afectan la rentabilidad general de la empresa.

TOTAL FLETES DÓLAR	TASA CAMBIO IMPORTACIÓN	COSTO CONTENEDOR EN ORIGEN	TOTAL GASTOS, FLETE, SEGURO, ARANCEL Y GASTOS MEXICO	% ARANCEL Y GASTOS SOBRE COSTO EN ORIGEN
USD 197.34	$14.13	USD 2,655.36	USD 1,504.36	56.65%
USD 0.00	$12.93	USD 3,465.36	USD 1,703.06	49.15%
USD 219.97	$13.57	USD 4,052.16	USD 1,813.22	44.75%
USD 487.00	$15.40	USD 11,652.48	USD 3,420.84	29.36%
USD 1,567.07	$18.52	USD 15,897.60	USD 4,394.47	27.64%
USD 451.00	$19.68	USD 13,180.32	USD 3,007.16	22.82%
USD 1,348.79	$21.28	USD 14,412.96	USD 3,938.92	27.33%
USD 1,807.87	$20.19	USD 24,396.54	USD 5,316.35	21.79%
USD 1,624.01	$20.77	USD 19,283.04	USD 4,611.03	23.91%
USD 2,460.31	$19.97	USD 23,580.36	USD 6,136.88	26.03%
		COMPRAS ACUMULADAS	GASTOS DE IMPORTACION	% PONDERADO GASTOS DE IMPORTACIÓN
USD 10,163.36 7.67%		USD 132,576.18	USD 35,846.31	27.04%

Impuestos: Los impuestos pueden afectar significativamente el precio de venta de un producto. Es importante tener en cuenta los impuestos sobre las ventas y otros impuestos aplicables al calcular el precio de venta de un producto.

COMPANY	CÓDIGO	PRODUCTO	COSTO PRODUCTO	CÓDIGO	CONCEPTO	CANTIDAD	COSTO ALM-16
				MAQ0007VR	MAQUILA	1	$ 14.92
				ETD0007BL	ETIQUETA DELANTERA	1	$ 0.10
				ETT0007BL	ETIQUETA TRASERA	1	$ 0.10
				ETS0007BL	ETIQUETA SELLADO	1	$ 0.02
				ENV0007BL	ENVASE	1	$ 0.60
				EMP0007BL	EMPAQUE	1	$ 0.09
XXX	XXXB0015C	XXXXXXX	13.104	INN0007BL	INNER	1	$ 0.10
				BSD0005NT	BOLSA YUTE	1	$ 0.30
				SCB0007VR	SCREEN EN BOLSA	1	$ 2.00
				COR0014NT	CORDON ALGODÓN	1	$ 0.30
				CIN0007VR	CINTILLO	1	$ 1.70
				CAT0007BL	CAJA	1	$ 2.82
				CEX0007BL	CAJA EXTERNA	1	$ 2.70
						$	25.75

Aquí te comparto una tabla de costos para el desarrollo de un producto. Una característica importante es el manejo de los insumos por medio de códigos, ya que forman parte de un inventario que se debe mantener para tener la posibilidad de producir los productos terminados. Así se garantiza el orden y control para mantener una producción suficiente y con márgenes de costo establecidos.

La forma correcta de calcular el precio de un producto

El margen de ganancia es el porcentaje de beneficio que se desea obtener de la venta del producto. Para calcular el precio de venta de un producto, es necesario tener en cuenta los costos directos e indirectos, los impuestos y el margen de ganancia deseado. La fórmula para calcular el precio de venta es la siguiente:

**Precio de venta = (costos directos + costos indirectos + impuestos) /
(1 - margen de ganancia)**

Por ejemplo, si los costos directos de un producto son $10, los costos indirectos son $5, los impuestos son $1 y se desea un margen de ganancia del 20%, el precio de venta sería:

Precio de venta = ($10 + $5 + $1) / (1 - 0.2) = $20

Lo que mucha gente que no está familiarizada con estos conceptos, sería considerar una suma (10+5+1=16) y multiplicar por 1.2 (20%). El resultado es 19.20. **¡Estás dejando 0.80 en la mesa por cada venta!** Puede ser la diferencia entre el éxito o fracaso de un negocio.

Es importante tener en cuenta que el margen de ganancia deseado varía según el producto y el mercado. Es necesario realizar una investigación de mercado y considerar la competencia para determinar el margen de ganancia adecuado.

PRODUCTO	COSTO TOTAL PRODUCTO	FACTOR IMPRTACION	TIPO DE CAMBIO	COSTO +IMP CPT	FACTOR BASE	PRECIO DIST	PRECIO MAY	PRECIO PUBLICO ESTIM	PRECIO PUBLICO ACTUAL PROMEDIO
A	US$ 0.81	1.35	20.00	$ 21.75	$ 40.26	$ 52.20	$ 60.90	$ 100.92	$ 92.00
B	US$ 0.94	1.35	20.00	$ 25.26	$ 46.73	$ 60.62	$ 70.73	$ 117.21	$ 120.00
C	US$ 1.01	1.35	20.00	$ 27.15	$ 50.23	$ 65.16	$ 76.02	$ 125.98	$ 129.00

No te asustes cuando se habla de investigación de mercado. Es cierto que hay estudios que están a la venta y no son nada baratos. Aquí si debes invertir tiempo y ser minucioso para identificar a tu competencia y sus condiciones comerciales, no solamente el precio.

Las listas de precios

Si la empresa ofrece sus productos a diferentes tipos de clientes, como minoristas, mayoristas o distribuidores, resultar indispensable tener listas de precios diferentes para cada segmento.

Calculando sobre una base común, es decir, a partir de la rentabilidad que estás dispuesto a obtener, defines los precios para cada segmento de tu mercado. De esta manera, se pueden ofrecer precios más atractivos a aquellos clientes que compran en grandes cantidades.

Al tener diferentes listas de precios, puedes implementar diferentes estrategias de marketing, como descuentos por volumen, promociones temporales, precios especiales para clientes nuevos o leales, entre otros. Estas estrategias pueden ayudar a atraer y fidelizar clientes, y aumentar las ventas.

Si vendes tus productos a través de diferentes canales, como tiendas físicas, tiendas en línea o distribuidores, puede resultar útil tener listas de precios diferentes para cada canal. Esto te permite adaptar los precios a las características de cada canal, y ofrecer precios más competitivos en cada uno de ellos.

Precio Base	Factor Real Base	Margen Utilidad Porcentual Precio Base	Lista 1 Estimada	Lista 1 Final	Factor Real L1	Margen Utilidad Porcentual Lista 1 Final	Lista 1	Factor Real L1	Margen Utilidad Porcentual Lista 1 Final	Lista 2	Factor Real 2	Margen Utilidad Porcentual Lista 2 Final
$ 42.90	1.94	48.58%	$ 52.39	$ 47.00	2.16	55.72%	$ 52.21	2.40	58.35%	$ 58.75	2.70	62.96%
$ 62.10	2.48	59.32%	$ 60.62	$ 69.00	2.73	63.39%	$ 76.67	3.04	67.05%	$ 86.23	3.40	70.71%
$ 64.80	2.39	58.12%	$ 65.16	$ 72.00	2.65	62.29%	$ 80.00	2.95	66.08%	$ 90.00	3.33	69.83%

Te comparto un ejemplo en donde se definen tres listas de precios, con tres factores de venta diferentes al igual que el margen de utilidad.

Este es un ejercicio fundamental para los equipos de ventas, ya que les proporciona una guía para identificar cuál es el precio más conveniente conforme a las características del cliente. Evita problemas ya que evita pérdidas por algún mal cálculo en cuanto a la rentabilidad de los productos. Sin listas de precios, se tiene el riesgo contante de perder

rentabilidad por otorgar algún descuento excesivo con tal de cerrar una venta. Aquí te recomiendo que, para establecer indicadores en relación a la venta, no te quedes exclusivamente con la cuota. Siempre acompaña la cuota con un indicador de rentabilidad. Si no mides ambas, caes en el riesgo de regalar producto. La venta no sólo se trata de cerrar el negocio por el descuento. Eso es regalar tu producto. Tiene que ser rentable, tiene que ser negocio.

Fija el mínimo de rentabilidad, es decir, el mínimo que necesitas para que sea negocio. Y de ahí para arriba.

El factor de venta

Un concepto muy sencillo pero sumamente útil, es el factor de venta. Se refiere a la cantidad por la cual se multiplica el costo de un producto o servicio para determinar el precio de venta.

Por ejemplo, si el costo de producción de un artículo es de $10 y se aplica un factor de venta de 2, el precio de venta sería de $20 ($10 x 2).

Para definir el precio de venta, determina el factor, ya sea por línea de producto o por segmento de mercado, y respétalo. El factor va a variar según el tipo de negocio y la estrategia de precios que se utilice, pero te ayuda a garantizar que no se pierda rentabilidad y estandariza tu política de precios.

Normalmente, el factor de venta que considero fluctúa entre el 1.75 y 2.50. Con esta definición, si hago la división entre el costo de venta y el precio y me da un resultado menor a 1.75, tengo que revisar el cálculo porque no es negocio conforme a mi política.

De igual manera, si hago la misma operación y me da un resultado mayor a 2.50, también lo tengo que revisar porque es muy probable que el cálculo del precio se encuentre fuera de mercado, es decir, no sea competitivo y al final nadie lo compre.

Nivel 5. El valor de tu producto

Aquí te comparto una propuesta de matriz que puedes utilizar para documentar las características de un producto, su grado de innovación y personalización, para determinar el valor que aporta a tus clientes:

	Nivel 5. Valor del producto		
Características del Producto	Grado de Innovación	Grado de Personalización	Valor para el Cliente
Característica 1	Alto/Medio/Bajo	Alto/Medio/Bajo	Alto/Medio/Bajo
Característica 2	Alto/Medio/Bajo	Alto/Medio/Bajo	Alto/Medio/Bajo
Característica 3	Alto/Medio/Bajo	Alto/Medio/Bajo	Alto/Medio/Bajo
Característica 4	Alto/Medio/Bajo	Alto/Medio/Bajo	Alto/Medio/Bajo
Característica 5	Alto/Medio/Bajo	Alto/Medio/Bajo	Alto/Medio/Bajo

En la columna "Características del Producto", puedes listar todas las características importantes del producto que deseas evaluar. En la columna "Grado de Innovación", puedes evaluar el nivel de innovación de cada característica, clasificándolo como alto, medio o bajo. En la columna "Grado de Personalización", puedes evaluar el nivel de personalización de cada característica, también clasificándolo como alto, medio o bajo.

Finalmente, en la columna "Valor para el Cliente", puedes evaluar el valor que cada característica aporta al cliente. Puedes clasificarlo como alto, medio o bajo, basado en la importancia que esa característica tiene para el cliente y cómo contribuye a satisfacer sus necesidades y deseos.

Esta matriz te permitirá documentar de manera ordenada las características del producto, su grado de innovación y personalización, y el valor que aporta a los clientes, lo que te permitirá tomar decisiones informadas sobre cómo mejorar y diferenciar tu producto para satisfacer las necesidades de tus clientes de manera efectiva.

Aquí no hay ciencia oculta. O conoces tu producto a fondo, o mejor evita perder dinero y tiempo.

La matriz es muy básica, pero te permite establecer un orden en cuanto a la información. La puedes consultar, enriquecer y va a ser de utilidad porque la vas a usar para definir los siguientes pasos.

Nivel 6. El control de tu producto
La Ficha Técnica

Las características del producto que has documentado, sirven de base para desarrollar lo que se denomina "Ficha Técnica". Una ficha técnica de producto es un documento que contiene información detallada sobre las características técnicas de un producto.

Esta información puede incluir medidas, peso, materiales, componentes, funciones, instrucciones de uso y seguridad, entre otros detalles.

La importancia de la ficha técnica de producto radica en que es una herramienta fundamental para los consumidores y los fabricantes.

Para los consumidores, la ficha técnica les permite conocer las especificaciones del producto antes de comprarlo, lo que les ayuda a tomar una decisión informada y a comparar diferentes opciones.

Para los fabricantes, la ficha técnica les permite asegurarse de que los productos cumplen con los estándares de calidad y seguridad requeridos por las autoridades y los clientes. Aquí te comparto un ejemplo de Ficha Técnica:

Acerca de nuestros productos

Todos los productos Vital Green están hechos con ingredientes 100% naturales.

Alumbre de Potasio: el ingrediente principal.

La piedra de alumbre es un mineral formado por alumbre de potasio (una sal doble de aluminio y potasio hidratado), que se puede encontrar de forma natural en numerosos yacimientos alrededor del mundo.

Desde la antiguedad esta piedra ha tenido aplicaciones en salud y belleza, sobre todo en cosmética, así como en la limpieza de tejidos. Y es que se trata de un mineral con numerosas propiedades, entre las que destaca su poder astringente, antiséptico y desodorante.

Existen dos tipos de piedras de alumbre básicas: la natural y la sintética. La piedra de alumbre natural es poco traslúcida y contiene alumbre de potasio, lo cual la hace mucho más sana. En cambio, la piedra de alumbre sintética contiene amonio y aluminio, por lo que sus efectos no son los mismos.

El alumbre de potasio proviene de Tailandia. La piedra de alumbre es pulida en formas ergonómicas para adaptarse a tu cuerpo y que por sus propiedades ayuda a controlar las bacterias que causan el mal olor sin obstruir los poros.

Propiedades del Alumbre de Potasio

Tiene propiedades antisépticas, astringentes y antitranspirantes que crean una película que elimina microorganismos, mantiene la sequedad de la piel y previene la sudoración y el mal olor.

Modo de uso

vital

Desodorante Cristal 60g

Descripción

Desodorante Natural de Piedra Cristal de Alumbre de Potasio, sin parabenos y sin alcohol. Elimina el olor y no mancha.
Presentación 60 g - 2.1 oz

Características

Desodorante natural sin aluminio de piedra cristal de alumbre fabricado en Tailandia con sales puras minerales 100% naturales de la más alta calidad. Sin aluminio, sin alcohol, sin parabenos, orgánico, vegano y libre de crueldad animal.

Desodorante de larga duración que protege durante 24 horas permitiendo la sudoración natural del cuerpo sin obstruir los poros y eliminando las bacterias que causan el mal olor sin dejar manchas en la piel o en la ropa. Efectivo para la sudoración excesiva.

Recomendado para

Apto para jóvenes y deportistas, recomendado por la asociación de cáncer de mama y pediatría pues no introduce químicos al cuerpo.

Ideal para el día a día, por su práctico tamaño lo puedes llevar contigo de viaje o al gimnasio.

Presentaciones:

Modo de Uso

Uso diario. Después del baño con la piel ligeramente húmeda aplique generosamente en las axilas de 20 a 30 segundos o en piel seca humedezca la piedra ligeramente.

Contenido

Desodorante de 60 g - 2.1 oz (7 cm de alto y 3.7 cm de diámetro) con una duración promedio de 6 meses con uso diario.

Código:

vital green

Además, la ficha técnica de producto es una herramienta clave en el proceso de diseño y producción de los productos. Los fabricantes la utilizan para documentar el proceso de diseño y desarrollo del producto, así como para asegurarse de que se cumplen todas las especificaciones y requisitos técnicos necesarios para su producción.

La ficha técnica de producto es una herramienta esencial para garantizar la calidad y seguridad de los productos, así como para informar a los consumidores sobre sus características técnicas.

La codificación de tu producto

La codificación de producto es un proceso mediante el cual se asigna un código único a un producto. Este código puede ser una combinación de letras, números o símbolos, y su función es identificar de manera única el producto en cuestión.

La importancia de la codificación de producto radica en que permite una gestión más eficiente de los productos a lo largo de toda la cadena de suministro.

Al asignar un código único a cada producto, se puede realizar un seguimiento de su movimiento desde la producción hasta el consumidor final, lo que permite una mejor gestión de los inventarios, una mayor eficiencia en la distribución y una mejor capacidad de respuesta ante problemas de calidad o seguridad.

Además, la codificación de producto también es importante para la gestión de la calidad y seguridad de los productos. Al tener un código único para cada producto, se puede rastrear su origen y verificar su autenticidad, lo que ayuda a prevenir la falsificación y el fraude.

También es útil para identificar rápidamente los productos que presentan algún tipo de problema de calidad o seguridad y tomar las medidas necesarias para solucionarlo.

Existen diferentes tipos de códigos de producto que se utilizan en la industria mundial. A continuación, menciono algunos de los más comunes:

Código de barras: Es un código de barras que se utiliza para identificar productos y que se lee con un escáner láser. Los códigos de barras más comunes son el UPC (Código Universal de Producto) y el EAN (Número de Artículo Europeo).

¿Cómo se obtiene un Código UPS? Los códigos UPC son emitidos por la organización GS1 US (anteriormente conocida como Uniform Code Council). Para obtener un código UPC, una empresa debe registrarse como miembro de GS1 US y pagar una tarifa anual. Una vez que se ha registrado, la empresa puede solicitar códigos UPC para sus productos y GS1 US le proporcionará un bloque de números para que la empresa asigne a sus productos.

Código QR: Es un código bidimensional que se puede escanear con un smartphone y que puede contener información como enlaces, texto o datos de contacto.

¿Cómo se obtiene un Código QR? Debes seleccionar un generador de códigos QR. Hay muchas herramientas y programas disponibles en línea para generar códigos QR. Una vez que se ha seleccionado una herramienta de generación de códigos QR, es necesario ingresar la información que se desea codificar en el código QR.

Algunas herramientas de generación de códigos QR permiten personalizar el diseño del código QR. Esto puede incluir la selección de colores, la adición de un logotipo o imagen, y la selección de la forma del código QR. Una vez que se ha generado el código QR, es necesario descargarlo y guardar una copia en un formato adecuado, como PNG o JPG. También se puede imprimir el código QR en etiquetas, carteles, folletos o en cualquier otro material impreso para su uso.

Es importante tener en cuenta que el tamaño y la resolución del código QR pueden afectar su capacidad para ser leído correctamente. Por lo tanto, es recomendable generar el código QR en una resolución suficientemente alta y probar su lectura antes de su uso en aplicaciones comerciales o en la promoción de productos y servicios.

Código de producto universal: Es un código que se utiliza para identificar productos de manera universal en diferentes partes del mundo. El GTIN (Número Global de Artículo Comercial) es un ejemplo de código de producto universal.

¿Cómo se obtienen los Códigos GTIN? Los códigos GTIN son emitidos por la organización GS1. Al igual que con el UPC, una empresa debe registrarse como miembro de GS1 y pagar una tarifa anual. Una vez registrado, la empresa puede solicitar códigos GTIN para sus productos, y GS1 le proporcionará un número global de artículo comercial (GTIN) para que la empresa lo asigne a sus productos.

Diferencia entre UPC vs GTIN

Cabe aclarar que la principal diferencia entre la codificación UPC y la GTIN es su alcance y su uso. El UPC (Código Universal de Producto) es un tipo de código de barras que se utiliza principalmente en América del Norte para identificar productos de consumo en tiendas minoristas. En cambio, el GTIN (Número Global de Artículo Comercial) es un identificador de producto global que se utiliza en todo el mundo y es compatible con diferentes tipos de códigos de barras.

Otra diferencia importante es que el UPC es un código numérico de 12 dígitos, mientras que el GTIN puede tener diferentes longitudes y puede incluir tanto números como letras.

Además, el GTIN puede incluir diferentes variantes de productos, como diferentes tamaños, colores o sabores, mientras que el UPC solo identifica un producto específico.

El GTIN también se utiliza en diferentes sistemas de gestión de inventarios y de seguimiento de productos a lo largo de toda la cadena de suministro, lo que lo convierte en un identificador global y único para los productos.

Tus códigos internos

Código de producto interno: Es un código que utiliza una empresa para identificar internamente sus propios productos. Estos códigos pueden ser simples o complejos, dependiendo de la cantidad de información que la empresa desee incluir.

Esta es la opción que te recomiendo para iniciar. Como ya lo mencioné, es de vital importancia tener un control interno de tus productos para tener la posibilidad de establecer una trazabilidad de los mismos. Esto quiere decir, que sepas exactamente su origen, su recorrido en los procesos de producción y logística, así como su ubicación actualizada, o sea su destino.

La estructura que te recomiendo para para definir tus códigos es la alfanumérica, que utiliza letras y números para identificar el producto de manera única.

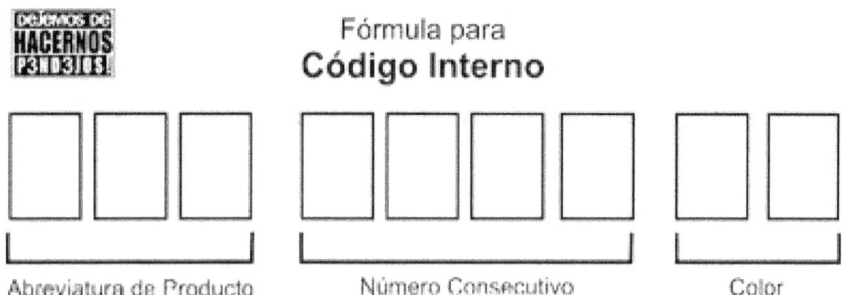

Esta forma de codificación interna ha sido práctica y funcional, ya que nos proporciona la información necesaria para identificar casi de inmediato a qué producto nos referimos. Tal vez no percibas la importancia de esto cuando consideras dos o tres productos. Pero cuando ya llevas más de 50, empieza a ser caótica la administración.

CONTROL

DEJEMOS DE HACERNOS P3.ND3I0SV

Clasificación y Descripción

La correcta definición del producto conforme a estándares de clasificación comerciales permite controlar e incrementar el número de productos dentro de un inventario.

Ficha Técnica

PRODUCTO #1

Negocio	Nivel 1	Nivel 2	Nivel 3

Descripción del Producto:

Medidas:

Color:

Peso:

Unidad de Venta:

Descripción Compuesta

Codificación

Para generar un código de producto te recomendamos la siguiente nomenclatura:

Iniciales   Número Consecutivo   Color

Código Generado

Fotos de Producto

Las imágenes de tu producto

Cobra una gran relevancia el considerar desde este punto la generación de imágenes del producto. Es un problema cuando no cuentas con imágenes adecuadas desde el control de tu producto. Y no me refiero a fotos artísticas y profesionales de agencia, de esas que no cualquiera puede costear, no. Simplemente a una imagen en donde se perciba de qué estamos hablando. Que se entienda.

Te lo menciono porque ha sido siempre un dolor de cabeza el intentar trabajar con imágenes de mala calidad. La recomendación es que cuando tengas finalmente el producto en tus manos, al menos genera de inmediato una imagen en donde se perciba de manera clara sus características principales.

Ya existen celulares con excelente calidad en las cámaras, con las que puedes tomas una foto decente.

Esa imagen de calidad aceptable te va a servir para el control, y también para efectos comerciales. La gente que tiene que preparar el producto, ya sea personalizarlo o empacarlo, va a tener mayor claridad de qué se trata y la gente de ventas lo podría empezar a promover de inmediato, ya sea integrarlo a un catálogo digital o subirlo a alguna plataforma para su venta en línea.

Más vale hacer las cosas bien una sola vez a la primera, que re-trabajar gastando tiempo y recursos que bien podrías aplicar para cosas más importantes.

Nivel 7. La automatización de tu negocio

La automatización empresarial es un proceso continuo que evoluciona a medida que la empresa crece y cambia. Es cuestión de supervivencia que la organización, empresa, entidad, o negocio se mantenga actualizada, si no con las últimas tendencias y tecnologías de automatización, por lo menos con lo necesario para seguir siendo competitiva en el mercado.

Me queda claro que cuando empiezas, el tema de tecnología es uno de los que más miedo da, porque tradicionalmente es de los más costosos y complejos.

Fases de automatización

Te comparto diversas fases de automatización que puedes ir adoptando conforme evoluciona el negocio:

Ofimática: En esta fase, la empresa utiliza herramientas de software de ofimática, como procesadores de texto, hojas de cálculo y presentaciones, para administrar documentos, datos y presentaciones.

ERP (Planificación de Recursos Empresariales): En esta fase, la empresa implementa un sistema ERP para integrar y automatizar procesos empresariales en diferentes áreas funcionales, como finanzas, compras, ventas, inventario y recursos humanos.

CRM (Gestión de Relaciones con Clientes): En esta fase, la empresa implementa un sistema CRM para gestionar las relaciones con los clientes, incluyendo ventas, marketing, atención al cliente y análisis de datos.

SCM (Gestión de la Cadena de Suministro): En esta fase, la empresa implementa un sistema SCM para gestionar la cadena de suministro, desde la adquisición de materiales hasta la entrega del producto final, incluyendo la planificación, el seguimiento y la optimización de los procesos.

PLM (Gestión del Ciclo de Vida del Producto): En esta fase, la empresa implementa un sistema PLM para gestionar el ciclo de vida del producto, desde la idea hasta la retirada del mercado, incluyendo el diseño, la ingeniería, la fabricación, la gestión de cambios y la documentación.

Sistemas personalizados: En esta fase, la empresa utiliza sistemas personalizados para satisfacer sus necesidades específicas de automatización, incluyendo aplicaciones hechas a medida que son desarrolladas internamente o por terceros.

Considerar la automatización desde el inicio de un negocio es importante porque puede proporcionar una ventaja competitiva y mejorar la eficiencia operativa.

A continuación, te presento algunas razones por las que la automatización es muy importante para alguien que va iniciando en el mundo de los negocios:

Aumenta la eficiencia: La automatización puede ayudar a reducir la carga de trabajo manual, lo que permite a los empleados enfocarse en tareas más importantes y productivas. También puede mejorar la eficiencia al reducir errores y redundancias en los procesos.

Mejora la precisión: Los sistemas automatizados pueden mejorar la precisión al realizar cálculos y análisis complejos, reduciendo así el riesgo de errores humanos.

Facilita el seguimiento y la medición: Los sistemas automatizados pueden proporcionar una visión más clara de los procesos empresariales y permitir un seguimiento y una medición más precisos del rendimiento del negocio.

Ahorra tiempo y recursos: La automatización puede ayudar a reducir los costos de mano de obra y los gastos generales, lo que a su vez puede mejorar la rentabilidad y el margen de ganancias.

Proporciona una ventaja competitiva: Los negocios que utilizan la automatización pueden proporcionar un servicio más rápido y eficiente a sus clientes, lo que puede mejorar su reputación.

¿Por dónde empezar?

Pero, ¿cuál es la recomendación? Te recomiendo comenzar con la automatización de 4 procesos básicos y esenciales para el funcionamiento del negocio. El primero es para ubicar y rastrear tu producto. El segundo es para mantener el orden fiscal y el flujo de efectivo. El tercero, para la gestión de las ventas. El cuarto para asegurar que el producto llegue a su destino.

Automatización de la gestión de inventario: Utilizar un software o sistema de gestión de inventario para llevar un registro preciso de la cantidad de productos disponibles, su ubicación y movimiento dentro del almacén. Esto ayuda a evitar pérdidas, excedentes y a mantener el inventario en niveles óptimos.

Automatización de la facturación y pagos: Implementar un sistema de facturación y pagos automatizado para agilizar el proceso de venta y cobranza. Esto también ayuda a reducir los errores humanos y a mejorar la precisión en la facturación y el registro de pagos.

Automatización de la gestión de clientes: Utilizar un software o sistema de gestión de clientes (CRM) para llevar un seguimiento de los clientes, sus compras y sus necesidades. Esto ayuda a mejorar la atención al cliente y a fidelizarlos.

Automatización del seguimiento de envíos y entregas: Implementar un sistema de seguimiento de envíos y entregas para mantener a los clientes

informados sobre el estado de sus pedidos y reducir la cantidad de consultas al respecto.

¿Qué tipo de aplicaciones pueden ser una alternativa?

Las aplicaciones en la nube pueden brindar numerosas ventajas para los emprendedores que van iniciando en el mundo de los negocios.
A continuación, te presento algunas de las ventajas más importantes:

Accesibilidad: Las aplicaciones en la nube se pueden acceder desde cualquier lugar con conexión a internet, lo que te permite trabajar desde cualquier ubicación y en cualquier momento.

Ahorro de costos: Las aplicaciones en la nube eliminan la necesidad de invertir en hardware y software costosos, ya que se ejecutan en servidores externos. Además, muchas de estas aplicaciones tienen planes de suscripción mensual o anual, lo que reduce los costos iniciales.

Flexibilidad: Las aplicaciones en la nube son escalables y te permiten adaptarte a los cambios en el negocio, ya sea en términos de tamaño o de requerimientos de software.

Actualizaciones automáticas: Las aplicaciones en la nube se actualizan automáticamente, lo que significa que los usuarios siempre tendrán acceso a la versión más reciente del software sin necesidad de realizar actualizaciones manuales.

Seguridad: Las aplicaciones en la nube están protegidas por medidas de seguridad avanzadas, lo que reduce el riesgo de pérdida de datos o de vulnerabilidades de seguridad.

Colaboración: Las aplicaciones en la nube permiten la colaboración en tiempo real y el intercambio de información entre usuarios, lo que mejora la eficiencia y la productividad.

Las aplicaciones en la nube son una excelente opción para los emprendedores que van iniciando, ya que les brindan acceso a tecnología avanzada a un costo accesible, flexibilidad, seguridad, colaboración y actualizaciones automáticas.

Nivel 8. Tu estrategia de Interacción

La interacción de un emprendedor con sus clientes es esencial para el éxito de cualquier negocio. Definir cómo te relacionas con tus clientes es clave para asegurar su satisfacción y la rentabilidad de tu negocio. A continuación, te presento una guía que te ayudará a entender la importancia de cada rubro.

DeJemos De HACERNOS P3ND3J0S!	Nivel 8. Estrategia de Interacción				
	Descubrimiento de tus clientes potenciales				
¿Cómo te conocen?	Campañas Publicitarias en Medios Impresos y Digitales	Campañas en Medios Digitales (Pautas en buscadores)	Campañas pagadas en Redes Sociales (FB, IG, TK, IN)	Página Web Propia con Tienda On-line	Articulos en Plataformas Digitales (AMZ, ML)
	La Decisión de Compra				
¿Cómo compran tus productos?	Calidad reconocida del producto por su tiempo en el mercado	Promociones en Plataformas Digitales	Promociones pagadas en redes Sociales	Son artículos de temporada	Promociones en Plataformas Digitales
	Entrega de tus productos y satisfacción del cliente				
¿Cómo entregas lo que te compran?	Entrega personalizada y con todas las garantías necesarias para segurar la satisfacción del cliente.	Entrega con garantías y canales abiertos de comunicación	Tengo un canal de comunicación especifico para la retroalimentación con el cliente	No tengo los medios para dar seguimiento a las entregas	Delego entrega a Plataformas Digitales

DeJemos De HACERNOS P3N03J0S	Nivel 8. Estrategia de Interacción				
¿Qué tipo de comunicación utilizas?	Tipo de comunicación con tus clientes				
	Trato de que sea lo más personalizada posible por varios medios disponibles.	Es sólo por correo.	Tengo una mensajería empresarial (chat) y es inmediata.	Sólo es telefónica.	Sólo es por las plataformas digitales.
¿Qué tipo de transacción manejas?	Tipo de transacción con tus clientes				
	Tratamos de ser lo más personalizado posible según el caso.	Es por medios tradicionales. Tratamos de no personalizar porque es muy complicado para nosotros.	Es exclusiva por correo.	Tratamos de no mantener contacto personalizado para evitar reclamaciones.	Me baso en las estadísticas de las plataformas digitales solamente.
¿Cuál es el enfoque con tus clientes?	¿Cuál es el enfoque de tu esfuerzo con tus clientes?				
	Es una combinación en crecer el número de clientes y conservar los que ya tenemos.	Nos enfocamos en crecer le número de clientes.	Nos enfocamos en conservar los clientes que ya tenemos.	No tengo forma de medir si mi base de clientes esta creciendo.	Sólo me interesa crecer en plataformas digitales.

¿Cómo conocen el producto? La forma en que los clientes conocen tu producto es la primera impresión que tendrán de tu negocio.

Por lo tanto, es importante asegurarse de que la información que se proporciona sea clara, precisa y atractiva para el cliente. Para ello, puedes utilizar diferentes estrategias de marketing, como publicidad en redes sociales, publicidad en línea, marketing de contenido, entre otras.

¿Cómo compran? La experiencia de compra es un aspecto fundamental para la satisfacción del cliente. Es importante ofrecer una experiencia de compra fluida y fácil de usar, que permita al cliente contar con alternativas, encontrar los productos que busca y realizar la compra de forma rápida y segura. Además, es importante ofrecer diferentes formas de pago para adaptarse a las necesidades y preferencias de los clientes.

¿Cómo se entrega el producto? La entrega del producto es un momento crucial para el cliente. Es importante asegurarse de que el producto llegue a tiempo y en perfectas condiciones. Además, puedes ofrecer opciones de envío para adaptarse a las necesidades, como envío a domicilio, recogida en tienda, entre otros.

¿Qué tipo de comunicación se utiliza? La comunicación con el cliente es esencial para mantener una relación duradera y satisfactoria. Es importante utilizar diferentes canales de comunicación para mantenerse en contacto, como correo electrónico, redes sociales, chat en línea, entre otros. Además, es importante ser claro y transparente en la comunicación, proporcionando información precisa y oportuna sobre el estado del pedido, las promociones, entre otros.

¿Qué tipo de transacción está disponible? Ofrecer diferentes opciones de transacción es clave para adaptarse a las necesidades y preferencias de los clientes. Es importante ofrecer opciones como pago con tarjeta de crédito, pago con PayPal, entre otros.

¿Cuál es el enfoque? El enfoque del emprendedor puede ser conservar a los clientes ya existentes o enfocarse en crecer la base instalada. Es importante tener claro cuál es el enfoque para poder definir la estrategia de marketing adecuada y adaptarse a las necesidades y preferencias de los clientes.

Te sorprendería saber la cantidad de casos en donde me he encontrado que los conceptos anteriores nunca se han planteado, más bien se han definido sobre la marcha, cuando el negocio ya está caminando, generando con ello muchos problemas, re-trabajos, costos no calculados, pérdida de recursos, e incluso llegar a desechar ideas con buen potencial.

Es imperativo prestar atención a cada uno de los rubros mencionados anteriormente y asegurarse de que se estén haciendo las cosas conforme a lo que consideraste, para así mantener a los clientes felices y satisfechos con el servicio que se les está ofreciendo.

Nivel 9. ¿Quién es tu cliente?

La elaboración de un perfil de clientes potenciales es un proceso continuo y en constante evolución. Por lo tanto, es importante que estés dispuesto a adaptar el perfil de tus clientes a medida que se recopila nueva información y se ajusta a las necesidades y preferencias cambiantes del mercado.

Es muy importante que realices una investigación de mercado para conocer las necesidades y deseos de tus clientes potenciales. Tómate el tiempo necesario. Esto puede incluir la búsqueda de información en línea, la revisión de estudios de mercado existentes, la realización de encuestas a través de redes sociales o correo electrónico y la realización de entrevistas directas con clientes potenciales.

Analizar a la competencia también es una obligación, para conocer a los prospectos y perfilar al mercado objetivo. Esto incluye la revisión de tus estrategias de marketing y ventas, la identificación de tus fortalezas y debilidades, y la revisión de las opiniones y comentarios de tus clientes en línea.

Asistir a eventos y ferias relacionados con el nicho de mercado es una buena forma de conocer a los prospectos y perfilar al mercado objetivo. Puedes comenzar a construir una base de datos de clientes potenciales a través de la recolección de información de contacto y de los intereses y necesidades de los clientes. Esto puedes hacerlo a través de la creación de formularios en línea, encuestas en redes sociales y el seguimiento de las interacciones con los clientes potenciales.

Existen herramientas de análisis de mercado en línea que pueden ser utilizadas para conocer a los prospectos y perfilar al mercado objetivo. Estas herramientas pueden proporcionar información sobre las tendencias del mercado, el comportamiento de los clientes y los datos demográficos.

A continuación te presento algunas herramientas de análisis de mercado en línea que podrían serte útiles:

Google Trends: Esta herramienta proporciona información sobre las tendencias de búsqueda de Google. Permite al usuario ver el interés histórico y actual en términos de búsquedas de palabras clave específicas y explorar patrones de búsqueda regionales y demográficos.

SimilarWeb: Esta herramienta te ofrece información sobre el tráfico y el rendimiento de los sitios web. Proporciona estadísticas detalladas sobre el tráfico de sitios web, el tiempo de permanencia en el sitio, las fuentes de tráfico y los sitios web de referencia. También permite a los usuarios comparar el rendimiento de diferentes sitios web y ver los datos demográficos de los visitantes.

SEMrush: Esta herramienta se centra en el análisis de SEO y de palabras clave. Proporciona información sobre las palabras clave utilizadas por los competidores, la cantidad de tráfico que generan, así como la posición de búsqueda en la que aparecen. También ofrece información sobre el costo de las palabras clave utilizadas en anuncios publicitarios.

SurveyMonkey: Es una plataforma de encuestas en línea que permite a los usuarios crear y enviar encuestas personalizadas. Es una herramienta útil para obtener información sobre las necesidades y preferencias de los clientes potenciales.

Facebook Insights: Esta herramienta de análisis proporciona información sobre la audiencia y el rendimiento de una página de Facebook. Proporciona información detallada sobre los datos demográficos de los seguidores, las publicaciones más populares, así como la cantidad de personas alcanzadas y la interacción en la página.

Es importante recalcar que cada herramienta tiene sus fortalezas y limitaciones, por lo que puede ser útil probar varias herramientas para obtener una visión más completa del mercado. Además, algunas herramientas pueden requerir un pago para acceder a características avanzadas.

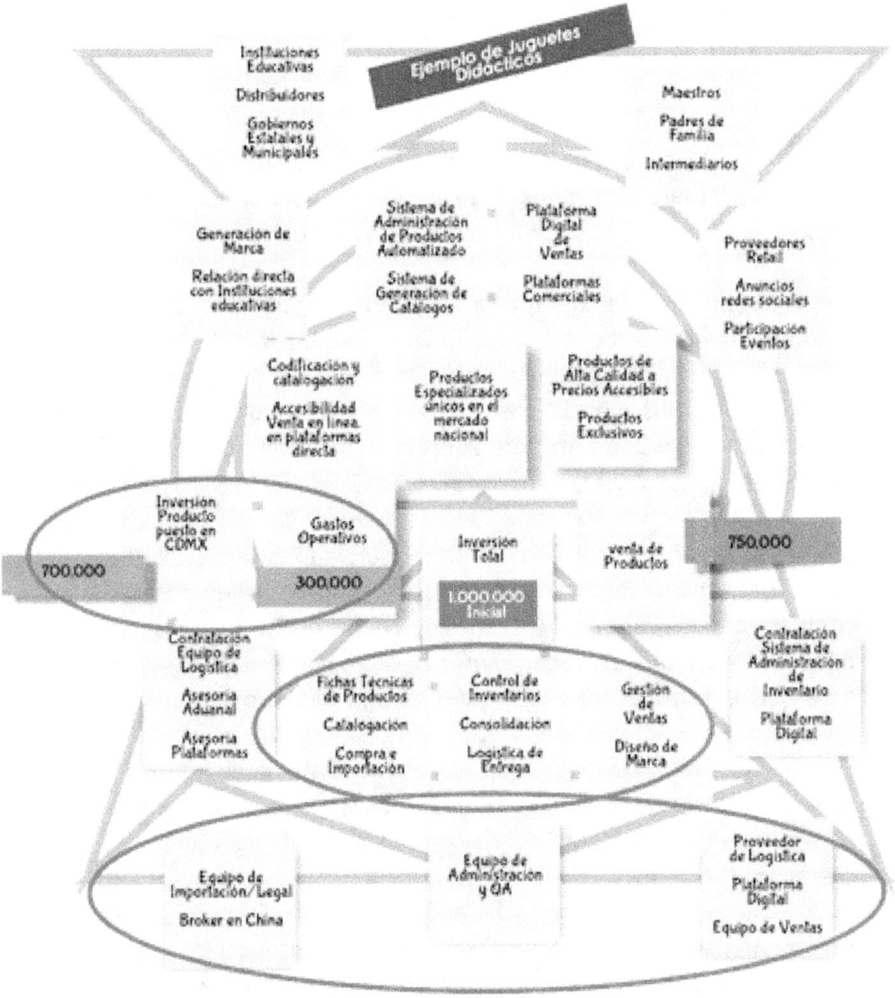

Ejemplo de Juguetes Didácticos

Instituciones Educativas

Distribuidores

Gobiernos Estatales y Municipales

Maestros

Padres de Familia

Intermediarios

Generación de Marca

Relación directa con Instituciones educativas

Sistema de Administración de Productos Automatizado

Sistema de Generación de Catálogos

Plataforma Digital de Ventas

Plataformas Comerciales

Proveedores Retail

Anuncios redes sociales

Participación Eventos

Codificación y catalogación

Accesibilidad Venta en línea en plataformas directa

Productos Especializados únicos en el mercado nacional

Productos de Alta Calidad a Precios Accesibles

Productos Exclusivos

Inversión Producto puesto en CDMX

Gastos Operativos

Inversión Total

venta de Productos

700.000

300.000

1.000.000 Inicial

750.000

Contratación Equipo de Logística

Asesoria Aduanal

Asesoria Plataformas

Fichas Técnicas de Productos

Catalogación

Compra e Importación

Control de Inventarios

Consolidación

Logística de Entrega

Gestión de Ventas

Diseño de Marca

Contratación Sistema de Administración de Inventario

Plataforma Digital

Equipo de Importación/Legal

Broker en China

Equipo de Administración y QA

Proveedor de Logística

Plataforma Digital

Equipo de Ventas

Capítulo
12
Es hora
de empezar

Capítulo 7. Y ahora, ¿por dónde empezar?
La abstracción del esquema

La abstracción más amplia del esquema sintetiza el modelo en tres preguntas fundamentales: quien, qué y a quién. Demasiado abstracto para explicarlo.

La intención de contar con una descripción más accesible me llevo a definir la abstracción en términos más comerciales.

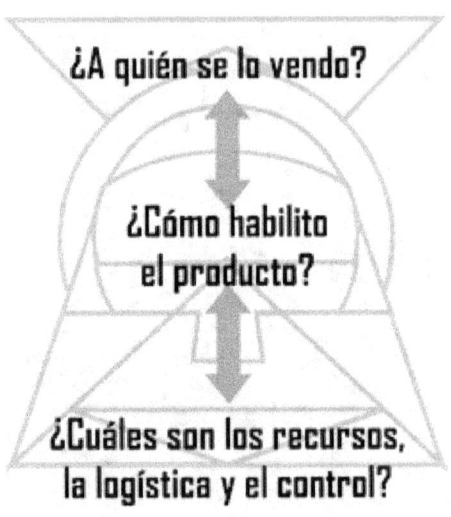

Seguía faltando algo más simplificado. La forma en cómo se ha diseñado el esquema que sustenta la filosofía, "Dejemos de hacernos pendejos", debería ser entendible para todo el que intente emprender. Por ello, generé la siguiente abstracción:

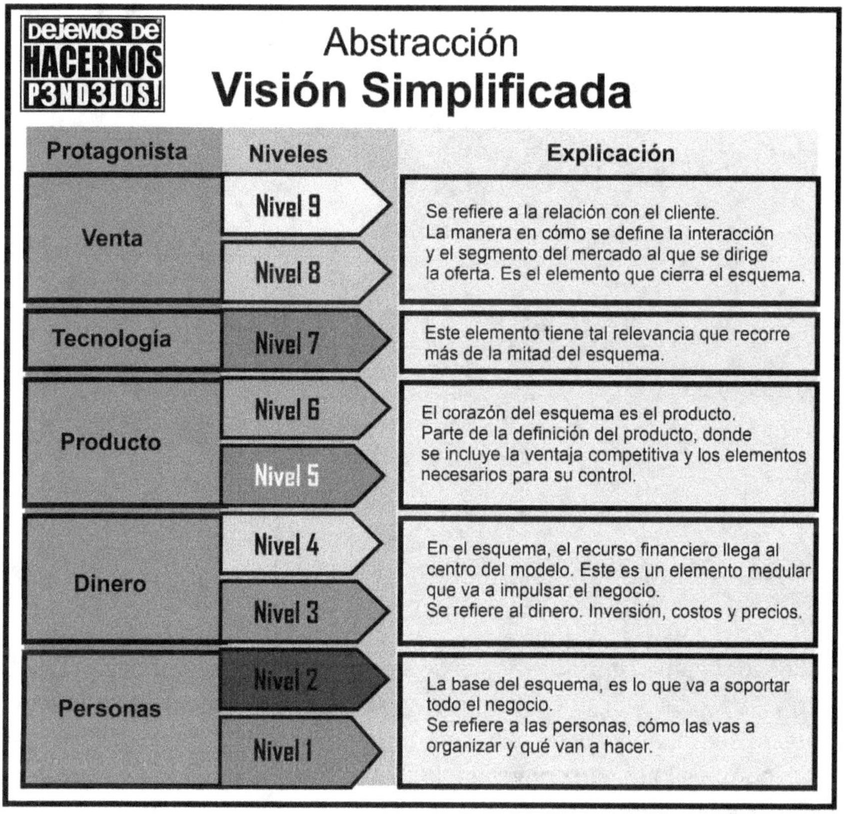

Abstracción
Visión Simplificada

Protagonista	Niveles	Explicación
Venta	**Nivel 9**	Se refiere a la relación con el cliente. La manera en cómo se define la interacción y el segmento del mercado al que se dirige la oferta. Es el elemento que cierra el esquema.
	Nivel 8	
Tecnología	**Nivel 7**	Este elemento tiene tal relevancia que recorre más de la mitad del esquema.
Producto	**Nivel 6**	El corazón del esquema es el producto. Parte de la definición del producto, donde se incluye la ventaja competitiva y los elementos necesarios para su control.
	Nivel 5	
Dinero	**Nivel 4**	En el esquema, el recurso financiero llega al centro del modelo. Este es un elemento medular que va a impulsar el negocio. Se refiere al dinero. Inversión, costos y precios.
	Nivel 3	
Personas	**Nivel 2**	La base del esquema, es lo que va a soportar todo el negocio. Se refiere a las personas, cómo las vas a organizar y qué van a hacer.
	Nivel 1	

Personas, dinero, producto, tecnología y venta. Conceptos al alcance del entendimiento común. Ordenados en un rompecabezas que a final de cuentas tiene un sentido gráfico estricto. Pero esto no quiere decir que tenga forzosamente que utilizarse en orden.

La vida misma como se nos presenta, no lleva precisamente un orden riguroso. Existen mil y un formas de iniciar con una oportunidad de negocio.

![Diagrama de dimensiones]

DIMENSIÓN DE VALOR

DIMENSIÓN DE RECURSOS

DIMENSIÓN DE ADMINISTRACIÓN

DEJEMOS DE HACERNOS P3ND3J0S!

Alineados con el sentido práctico de esta publicación, mi intención ha sido, es, y será el facilitar tu entendimiento sobre conceptos que en apariencia suelen ser complicados, pero con mi experiencia los he aterrizado para que adoptes lo que te convenga, lo que te parezca útil, lo que consideres que se puede aprovechar.

Consolidación de los resultados

A continuación te comparto una tabla en la que puedes trasladar los resultados numéricos de cada uno de los ejercicios en las matrices, para obtener una ponderación final conforme a la escala de riesgos.

En la columna de extrema derecha anota tu resultado por cada matriz. Al final súmalas y compara en qué grado de la escala de riesgo general te encuentras.

Abstracción
Visión Simplificada

Protagonista	Niveles	Esquema	Explicación
Venta	Nivel 9	CLIENTE / Medios / Administración del Cliente	Se refiere a la relación con el cliente. La manera en cómo se define la interacción y el segmento del mercado al que se dirge la oferta. Es el elemento que cierra el esquema.
	Nivel 8		
Tecnología	Nivel 7	Automatización	Este elemento tiene tal relevancia que recorre más de la mitad del esquema.
Producto	Nivel 6	Características	El corazón del esquema es el producto. Parte de la definición del producto, donde se incluye la ventaja competitiva y los elementos necesarios para su control.
	Nivel 5	Oferta de Valor	
Dinero	Nivel 4	Pricing / Costos	En el esquema, el recurso financiero llega al centro del modelo. Este es un elemento medular que va a impulsar el negocio. Se refiere al dinero. Inversión, costos y precios.
	Nivel 3	Recursos Financieros / Recursos Humanos / Proceso de Control	
Personas	Nivel 2	Procesos Críticos / Proceso de Soporte / Recursos Materiales	La base del esquema, es lo que va a soportar todo el negocio. Se refiere a las personas, cómo las vas a organizar y qué van a hacer.
	Nivel 1	Organización / Stakeholders / Key Partners	

Consolidado-Resultado de Matrices

Matriz	Escala de Riesgo					
	Mínimo	Bajo	Intermedio	Alto	Crítico	Resultados
Matriz de Roles	45.5	139.7	228.5	332.18	503.9	
Matriz de Socios de Negocio	39.88	87.41	128.03	163.43	217.35	
Matriz del Orígen de tu Inversión	37.8	46.5	57.6	90.69	100	
Matriz de Actividades	97.1	186.84	276.1	392.4	560.4	
Matriz de Insumos	118.7	203.6	325.8	442	488.7	
Matriz de Costos y Precios	146.3	272.3	388.7	493.7	583.5	
Matriz de Valor	74.9	125.5	192.3	255.2	285.8	
Matriz de Control de Producto	78.3	129.3	195.5	258.7	290.5	
Matriz de Uso de Tecnología	27.9	44.8	68.5	87.1	99.3	
Matriz de Interacción	155.1	249.2	393.5	497.1	579.4	
Matriz de Beneficiario	54.2	87.9	135.7	169.2	196.3	
					Suma Total	

Escala de Riesgo Total				
875.68	875.69 a 1573.05	1573.06 a 2390.23	2390.24 a 3181.7	3181.8 a 3905.15
Mínimo	Bajo	Intermedio	Alto	Crítico

Esta serie de ejercicios tienen dos propósitos fundamentales. El primero es que ubiques cómo estás empezando. Si no sabes cuál es tu punto de partida, es muy complicado determinar hacia dónde debes dirigirte. El segundo propósito es que identifiques cuáles son tus puntos débiles y tomes la iniciativa de mejorarlos, o por lo menos, identificarlos con oportunidad.

Una última reflexión. ¿Tienes hambre?

¿Alguna vez has tenido la sensación de frustración por no tener los medios para saciar tu hambre? Pero me refiero a realmente no poder ni siquiera comprar un triste taco o una simple bolsa de frituras, porque no tienes un centavo, a pesar de que te estés muriendo de hambre.

La sensación de hambre es una de las más básicas y primitivas que puede experimentar el ser humano. Es el cuerpo que reclama lo que necesita para sobrevivir. Pero cuando esta necesidad no se satisface, el hambre se convierte en un sufrimiento que nos confronta con nuestra propia fragilidad.

El hambre es un recordatorio constante de tu condición humana, te hace sentir vulnerable y desprotegido, expuesto a las inclemencias del medio ambiente.

Pero también te obliga a actuar, a buscar soluciones, a luchar contra la adversidad.

A mí nadie me lo cuenta. Nunca llegué siquiera a imaginar en mis peores pesadillas que lo podía vivir y si, lo sufrí en carne propia.

La desesperación me alcanzó, como supongo que a muchos les ha pasado, sobre todo a últimas fechas.

Acepté un trabajo mal pagado y muy lejano a mi residencia. Cuando no alcanza, tienes que recortar tu presupuesto aunque en ello te cargues con tu propia salud. Había que enviar lo poco que se depositaba a la familia. Y claro, disimular en lo posible la situación.

Hacerles creer que todo iba bien.

Sólo había oportunidad para una comida al día. De la comodidad del hospedaje ni hablamos. Y lo ridículo y vergonzoso que es no saber usar el transporte público porque nunca lo habías necesitado. De película.

Fueron meses que me parecieron una eternidad. Nunca valoré el hecho de tener agua caliente para bañarme, un auto a mi disposición, una cama cómoda en donde al menos cupiera mi cuerpo, sabanas limpias, y así puedo seguir con una lista que pareciera no tener fin.

Pero si así vive mucha gente, ¡cómo exageras!

Sin duda. Y de hecho en condiciones peores. Pero cuando lo vives realmente sin estar preparado para ello, el impacto puede llegar a ser incluso cuestión de vida o muerte.

Ha sido el mejor aprendizaje de mi vida. Una experiencia que marcó profundamente mi rumbo, me hizo poner los pies en la tierra para darme

La lucha contra el hambre es un motor que impulsa a muchos seres humanos a superarse a sí mismos, a buscar nuevas formas de subsistencia, a emprender proyectos que les permitan salir de la pobreza. Es una lucha que te convierte en un guerrero que no se rinde ante la adversidad.

Llegó un momento en el que dejé de lamentarme de mi "mala fortuna", que en realidad yo mismo había provocado, y empecé a buscar la manera de salir de esa penosa situación. Y menciono penosa, porque en mi cabeza el sentimiento que imperaba era el de una total y absoluta vergüenza.

Mi superación no ha sido una mera lucha individual, sino un esfuerzo en el que el primer paso fue aceptar que necesitaba ayuda y pedirla, tragándome con ello un gran orgullo que nunca me sirvió para nada.

A partir de entonces me hice la promesa de nunca dejar de luchar para combatir la mediocridad. Lo más fácil hubiera sido conformarse con la pobreza y la escasez, rendirse ante las condiciones adversas. No tenía por qué aceptar el sufrimiento como algo natural, como si me estuviera auto imponiendo un castigo.

El hambre fue lo que me confrontó, fue lo que me hizo reaccionar, fue lo que me dio la oportunidad para demostrar mi capacidad de superación y mi determinación para construir un futuro.

Tampoco puedo negar que he flaqueado varias veces a partir de ese evento. La zona de confort es una enemiga implacable. De manera silenciosa y sin darte cuenta, te envuelve con su falso manto de comodidad, cobijada por el alimento al maldito ego que no deja de crecer para hacerte creer que lo mereces todo por el simple hecho de existir.

El reto es vencer a tu propio ego. Es tu peor enemigo, te manipula, te miente, te engaña a tu propia conveniencia, todo el tiempo se justifica para que te convenzas que estas en lo correcto, no está apegado a la realidad, está apegado a tus creencias. Y ese auto-engaño se repite todo el tiempo.

Sería maravilloso el tener la capacidad de transmitirte toda mi experiencia para ofrecerte las respuestas que estás buscando.
Si tienes hambre, te entiendo y te quiero ayudar.
Pero de ti depende al 100% el dar el primer paso.
Vamos, ¡dejemos ya de hacernos pendejos!

DEJEMOS DE® HACERNOS P3ND3JOS!

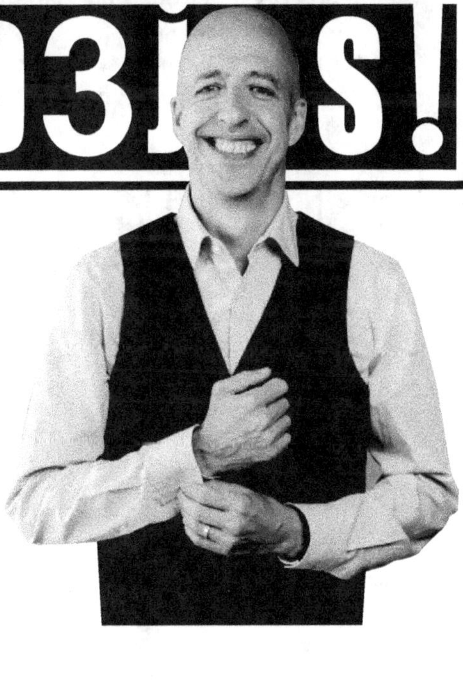

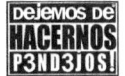

DEJEMOS DE HACERNOS P3ND3JOS!

- "Reinventing You: Define Your Brand, Imagine Your Future" por Dorie Clark.
- "The Start-up of You: Adapt to the Future, Invest in Yourself, and Transform Your Career" por Reid Hoffman y Ben Casnocha.
- "The Third Door: The Wild Quest to Uncover How the World's Most Successful People Launched Their Careers" por Alex Banayan.
- "Designing Your Life: How to Build a Well-Lived, Joyful Life" por Bill Burnett y Dave Evans.
- "Serious Performance Consulting" por Geary Rummler.
- "Improving Performance" por G. Rummler y Alan Brache.
- "White Space Revisited" por G. Rummler, R. Rummler y Alan Ramias.
- "Teoría Organizacional" por Gareth R. Jones.
- "16x" por Richard Koch.
- "Las Pequeñas Grandes Cosas" por Tom Peters.
- "Business as Unusual" por Price Pritchett & Ron Pound.

Bibliografía